日韓のFTA政策の比較制度分析

柳　蕙　琳

慈学社

目　次

序　章　9

第一部　日韓のFTA政策の比較政治行政制度分析

第1章　韓国と日本のFTA政策と比較 …………………… 17

1　韓国と日本の国内・国際的な環境の比較　17
　1　国際的な類似点　17
　2　国内的な類似点　22
2　韓国と日本のFTA政策の現状と比較　28
　1　韓国のFTA拡大と日本の相対的な停滞：2000〜2012年　28
　2　日韓のFTAでの自由化水準の逆転：韓国の自由化水準の低下と日本のTPP推進（2013年以降）　35

第2章　FTA政策に関する先行研究：FTA政策の国内政治的な要因の検討 ……………………………… 39

1　パターン1：特定のアクターの選好またはアクターの相互関係に焦点を当てた分析アプローチ　40
　1　先行研究の整理　40
　2　パターン1の先行研究の検討　46
2　パターン2：FTA政策の推進を取り巻く構造や制度に焦点を当てた分析アプローチ　47
　1　先行研究の整理　47
　2　パターン2の先行研究の検討　48

目　次

第3章　分析枠組み：FTA政策決定過程と日韓の制度
　　　構造………………………………………………………51

1　「FTA政策」に関する「制度」　52
2　韓国の大統領制とFTA政策　55
　1　ステージ1：大統領の強い権限と集権化　55
　2　ステージ2：議会の影響力の増加と分権化の進展　56
3　日本の議院内閣制とFTA政策　59
　1　ステージ1：強化された首相のリーダーシップとFTA政策での限定的な効果　59
　2　ステージ2：首相の強いリーダーシップ構造の発現と集権化　62
4　小括：日韓の比較　64

第4章　FTA政策に関する制度と政治指導者のリーダーシップの集中と分散………………………………65

1　FTA交渉上の政治制度とリーダーシップ　65
　1　韓国のFTA交渉と政治制度：分割政府と委員会の役割　65
　2　日本のFTA交渉と政治制度：ねじれ国会の影響と政党内の農林部会の役割　68
2　FTA政策上の行政制度とリーダーシップ　71
　1　韓国のFTA政策と行政制度　71
　　（1）ステージ1：「自由貿易協定締結手続き規定」と通商交渉本部　71
　　（2）ステージ2：「政府組織法」の改正と通商組織の縮小　74
　2　日本のFTA交渉と行政制度　76
　　（1）ステージ1：官僚内閣制と4省による分権的な交渉制度　77

（2）ステージ2：事務次官会議の事実上廃止と集権的な
TPP 交渉制度　79

第5章　FTA 政策に関する制度の類型化と制度変化 …… 83

1　日韓の制度比較と類型化　83
2　制度変化の原因、主体、そして、過程　85
　1　FTA 政策での制度変化の原因：公平性と効率性の間の
　　バランスの模索　85
　2　FTA 政策での制度変化の主体　87
　3　FTA 政策での制度変化の過程　90

第二部　日韓 FTA 政策の比較事例分析

第6章　市場開放度の低い国との FTA ……………………… 99

1　交渉相手国としてのチリ　99
2　韓チリ FTA　100
　1　交渉内容と自由化率　100
　2　交渉過程と交渉推進体制　101
3　日チリ EPA　104
　1　交渉内容と自由化率　104
　2　交渉過程と交渉推進体制　105
4　小括：韓国と日本の比較　107
　1　交渉内容と自由化率　107
　2　交渉過程と交渉推進体制　108

目　次

第7章　市場開放度の高い国との最初のFTA……………109

1　市場開放度の高い先進国としての米国と豪州　109
2　米韓FTA　110
　1　交渉内容と自由化率　110
　2　交渉過程と交渉推進体制　111
3　日豪EPA（交渉開始〜一時中断）　114
　1　日本の経済的・戦略的利益と農産品　114
　2　交渉過程と交渉推進体制　116
4　小括：韓国と日本の比較　120
　1　交渉内容と自由化率　120
　2　交渉過程と交渉推進体制　121

第8章　制度転換後の最初のFTA……………………123

1　豪州国内の自動車生産の終了と豪州の政権交代　123
2　韓豪FTA　124
　1　交渉内容と自由化率　124
　2　交渉過程と交渉推進体制　125
3　日豪EPA（交渉再開以降）　128
　1　交渉内容と自由化率　128
　2　交渉過程と交渉推進体制　129
4　小括：韓国と日本の比較　134
　1　交渉内容と自由化率　134
　2　交渉過程と交渉推進体制　135

第9章　政治的リーダーシップが再び問われたFTA……137

1　政治的に敏感なFTA相手国としての米国と中国　137

2　韓中FTA　138
　　　1　交渉内容と自由化率　138
　　　2　交渉過程と交渉推進体制　139
　　3　TPP　146
　　　1　交渉内容と自由化率　146
　　　2　交渉過程と交渉推進体制　149
　　4　小括：韓国と日本の比較　156
　　　1　交渉内容と自由化率　156
　　　2　交渉過程と交渉推進体制　157

終章　日韓のFTA政策の変化と制度内生性の可能性……159

　　1　事例研究の検討　159
　　2　終わりに　160

　あとがき　164
　参考文献　168
　索　引　181

序　章

　昨今、世界貿易機関（World Trade Organization：以下WTO）を中心とした多国間の貿易自由化が停滞している。その一方で、自由貿易協定（Free Trade Agreement：以下FTA）や経済連携協定（Economic Partnership Agreement：以下EPA)[1]に代表される二国間・地域内の貿易協定が活発に締結されている。特に、相対的にFTA政策が遅れていた日本、韓国、中国という北東アジアの国々で、1990年代末から2000年代初頭を起点にFTA政策の変化が顕著に表れており[2]、活発なFTA・EPAの締結が進められている。

　その中でも、ほぼ同時期にFTA政策の転換を果たした韓国と日本は、政治経済的な類似点を持っている。まず国際的な観点から見ると、両国ともに1997年のアジア金融危機以降に継続的に生じていた国際的な経済

（1）　FTAとEPAは概念的にはEPAの方が広範囲な意味を持っていると言われている。すなわち、FTAが「特定の国や地域との間で、物品の輸出入の際にかかる関税や数量規制、サービス貿易に対する規制などを取り扱うことにより、物品やサービスの貿易を自由にすることを目的とする」のに対して、EPAは「①FTAにおける貿易自由化の要素に加え、②投資、人の移動、知的財産の保護や競争政策におけるルール作り、③様々な分野での協力の要素などを含んでおり、幅広い分野において経済上の連携を推進する協定」である（渡邊頼純・外務省経済局EPA交渉チーム（2007）『解説FTA・EPA交渉』日本経済評論社、20頁）。但し、政策論においてはほとんど同意に用いられている。本書でもEPAもFTAと同じ意味として用いる。

序　章

危機の影響を受けている。また、東アジアという同じ地域経済の枠組みの中に置かれており、中国のFTA戦略による競争圧力に直面している。さらまた、国内的な側面では、国際競争力に劣る農業部門を持っていることに加え、政策決定に重要な影響を与えるとされる選挙制度はいずれも小選挙区制度を採用している。

　ところが、政策転換の過程から見れば、両国ともFTAを推進する強いインセンティブを持っている反面、実際のFTA政策の実施面では存在する。一般的に、韓国では経済効率の向上を主眼にFTAの締結を強力に促進してきた一方で、少なくとも2013年以前までの日本は国内社会の安定を念頭に、慎重なFTA政策を展開していた。韓国は包括的な戦略に基づいて体系的かつ積極的にFTA政策を展開してきた一方、日本は全体的な戦略の構築を後回しにしたまま、当面の必要に応じてFTA交渉を推進してきた。また、FTA締結相手国を見ても、韓国と日本の間には違いが見られる。韓国は、EUや米国を始めとする、地域的にもヨーロッパ、アジア、南北アメリカなどの様々な国とのFTAを推進・締結し、農業での市場開放度も高い。これに対し、日本は大国とのFTAを敬遠し、地域的には東南アジア諸国に集中させた。そして、関税撤廃ではなく経済協力に焦点を置いて、農業を交渉の項目から除外するなど、農業での開放度を低く抑えた。しかし2013年以降、両国においてFTA政策に大きな変化が見られ始めた。具体的には、韓国も日本も

（2）　東アジア全体としては99年以降にFTAへの動きが活発になったという研究がある。特に政府間の交渉や研究が具体化された時期であり、シンガポールが積極的なイニシアチブをとった面から、99年を東アジアのFTA政策の転換期として捉えている（石川幸一（2003）「東アジアにおけるFTAの潮流」木村福成・木村厚（編）『加速する東アジアFTA』日本貿易振興機構、9 -14頁）。しかし、本研究では議論されたFTAではなく、実際に締結された東アジアの主なFTAの締結の面を注視して、2000年11月のシンガポールとニュージーランドのFTA締結を基点として東アジアでのFTA政策が変換したと捉えている。

FTAに関する体系的な国家戦略を立てた上でFTAを推進し、経済大国とFTAを締結するようになった。また、FTAでの農業開放度という面からすると、自由化水準の傾向が両国の間で逆転しつつある。以前に比べ韓国は政治的に敏感な農産品を排除して国内の反発を招かないような交渉を進めている一方で、日本は政治的に敏感な農産品の開放を含む形で交渉を進めている。

　韓国と日本は、国内・国際的に類似した状況を抱えているにもかかわらず、FTA政策の実質的な違いはなぜ発生するのだろうか。また両国において、2000年代から2012年までのFTA政策が政権交代後の2013年以降に転換したのはなぜだろうか。これが本論文のリサーチ・クエスチョンである。本研究では、両国のFTAの相違について、FTA交渉過程に影響を与える「政治制度」と「行政制度」を関連させて説明する。特にFTA政策の推進において、2つの制度が政治指導者（韓国は大統領、日本は首相）のリーダーシップにどのような影響を与え、結果的にFTA政策の推進において、どのような違いをもたらしてきたのかを検証するのが本研究の目的である。

　本論文は2部から構成されている。第一部では日韓のFTA政策と両国のFTA政策決定に関連する政治行政制度を比較し、類型化を試みる。また、分析期間中に生じた両国の制度変化について分析を行う。まず、第1章では、韓国と日本をめぐる国際的、国内的な環境の類似性を指摘して、韓国と日本のFTA政策比較の妥当性を提示する。これらの類似性を基にして、韓国と日本がいずれもFTAへの促進を必要としている状況にあることを示す。その上で、実際の韓国と日本のFTA政策の必要性を比較しながら、両国間のFTA政策上の違いを浮き彫りにする。第2章では、第1章で示した政策上の違いを説明する既存の試みとして、アクターに焦点を当てた研究と、そのアクターの行為を促進または制約する制度に焦点を当てた研究に分けて先行研究を紹介し、評価を行う。まず、議論を利益団体、官僚、そして、政治指導者（大統領や首相）というアクターに分けて、FTA政策の推進過程を扱った先行研究を概観

した上で、これらの研究の問題点を提示する。次に、アクターの影響力を規定する外部要因としての制度に焦点を当てた先行研究を検討する。第3章では、制度論的な観点をベースとした本研究の仮説と分析枠組みを提示する。特に、「FTA 政策に関連する制度」に関する概念を定義した後、韓国の大統領制と日本の議院内閣制での FTA 政策の特徴について概観する。大統領や首相という政治指導者に焦点を置きながら、FTA 政策決定過程における韓国の大統領制と日本の議院内閣制の違いによる FTA 政策決定過程の違い、そして政治制度と行政制度の連動的な作用の違いが FTA 政策でアクターの実質的な影響力の差を導き、この影響力の差が FTA 政策での韓国と日本の違いをもたらすという仮説を提示する。第4章では日韓の FTA 政策決定過程に関わる制度全般をより詳しく比較し、両国の制度的な違いを明らかにする。まず、FTA 政策決定過程に関する政治制度と行政制度を政治指導者のリーダーシップという面を取り上げる。特に、ステージ1（2000～2012年）とステージ2（2013年以降）の制度変化を比較しながら、2013年以後の制度の変化を明らかにし、FTA 政策決定過程において制度変化が持つ意義を提示する。第5章では、韓国と日本の FTA 政策決定過程に影響を与える政治制度と行政制度の実像を検証し、日韓の FTA 政策推進体制の類型化を試みる。さらに、ステージ1とステージ2の間に見られる日韓の FTA 政策に関する制度の変化に注目し、その制度変化の原因、制度変化をもたらす主体、そして制度変化の過程について説明する。第二部では、本研究の仮説と分析枠組みの妥当性を検証するためのケーススタディを実施する。まず、第6章では市場開放度の低い国との FTA として韓チリ FTA と日チリ EPA を、第7章では市場開放度の高い国との最初の FTA として米韓 FTA と日豪 EPA を対象として、ステージ1での FTA 政策決定過程に影響を及ぼす政治制度と行政制度の作用を分析する。次に第8章では韓豪 FTA と交渉再開以降の日豪 EPA を、第9章では韓中 FTA と日本が参加する環太平洋連携協定（Trans-Pacific Partnership：以下、TPP）を事例研究の対象にし、両国の政治制度と行

政制度の変化がステージ 2 での FTA 政策決定過程に及ぼす影響を分析する。最後に、日韓の FTA 政策と制度との関連性を総括し、本研究の分析結果から得られる理論的または政策的な含意を提示する。特に、日韓の FTA 政策変化と制度内生性の可能性を指摘する。さらに、国際政治的な要因だけではなく、国内の政治経済的な要因が FTA 政策の方向性に影響を与えることを提示しながら、本研究を締めくくる。

第一部

日韓のFTA政策の比較政治行政制度分析

第1章　韓国と日本のFTA政策と比較

1　韓国と日本の国内・国際的な環境の比較

1　国際的な類似点

韓国と日本は国際的な側面で次の三つの点で類似性を持つ。

第一に、国際的な経済危機の影響があげられる。1997年のアジア金融危機は、韓国と日本がWTO中心の多国間地域主義からFTAという二国間、地域主義を積極的に推進するようになった原因として考えられている[1]。これに加えて、欧州でのギリシャの財政危機などによる、いわゆる先進国での経済危機によって韓国と日本は先進国への輸出が低下しており、打開策を模索しなければならない状況に直面している。これらの先進国経済の低迷で相対的に強固な東アジアでの事業展開が重要になっている[2]。このような国際的な面を考慮すると、韓国と日本は

（1）　キム・ホソプ「아시아 경제위기 이후의 일본의 지역주의: 한일무역협정 논의의 전개를 중심으로（アジア経済危機以降の日本の地域主義：韓日自由貿易協定論議の展開を中心に）」『한국정치학회보（韓国政治学会報）』2001年春号、253-267頁。

（2）　経済産業省（2003）『通商白書2003――「新たな価値創造経済」へ向けて』。

FTA 推進への圧力を等しく受けている状態であるといえる。

　第二に、米国や EU がすでに二国間の FTA を積極的に推進していたことにより FTA が世界各国に広がったが、他の地域と比較してみても韓国と日本を取り巻く東アジアは1990年代末になるまでは FTA などの制度面での地域統合は活発に行われていなかった。しかし、WTO の貿易自由化交渉が1999年のシアトル閣僚会議で暗礁に乗り上げたことからもわかるように、多国間の合意形成が難しくなり難航することが多くなっていた。これによって、2000年代に入ると、日本だけではなく韓国、中国、そして東南アジア諸国連合（ASEAN）の各国も FTA の締結へと政策を転換した[3]。このような東アジアの FTA 締結の潮流の中で韓国と日本も FTA に積極的に参加する動機を持つことになる。そして韓国の「北東アジアのビジネスハブ[4]構想」と日本の「東アジア共同体構想」のように、地域主義の形成を意識する動きが FTA の潮流の中でも現れていた。韓国の場合、このような動きが「FTA ロードマップ[5]」にも反映されていた[6]。この「FTA ロードマップ」では、日本、ASEAN など中国を除く東アジア諸国が優先されていたが、このグループが優先された背景には、金大中政権の誕生以来、韓国の対外経済

（3）　東アジアでの FTA の積極的な推進に関しては、東アジアの地域主義の一環または地域レジームの形成の一環という説明が多くされている。東アジアでの二国間主義は地域主義に向けた過渡的な手段であって国際的生産・流通ネットワークまたは分業構造の形成を特徴としているという議論（トラン・ヴラン・トウ、2005；Kimura、2006）や、制度的・法的な統合または地域レジームの形成のために FTA を進んでいるという観点を捉えている議論（浦田、2004；渡辺、2004；大矢根、2011）がある。
（4）　「東北アジア・ビジネスハブ構想」とは、日中の間に位置する韓国の地理的な条件を利用し、物流、金融などの経済の諸分野でヨーロッパにおけるオランダや、東南アジアにおけるシンガポールのように韓国を東北アジアでのハブにしようとする構想である。東北アジア・ビジネスハブについては、金良姫（2006）に詳しい。金良姫（2006）「韓国の東北アジア構想と課題――東アジア経済共同体の実現に向けて」『ERINA REPORT』vol. 71, 環日本海経済研究所。

政策の軸とされてきた「東アジア・ビジネスハブ」構想が関係している。この構想では近隣諸国との経済的障壁を低くすることが前提条件となっており、そこから近隣諸国とのFTAに対する高い優先順位が導かれた。他方で、日本は、2004年に「今後のEPA戦略推進に関する我が国の基本方針」[7]を決定し、FTA交渉の相手国として東アジア諸国を中心とすることにしたが、その時点ではFTAへの戦略的な取り組みが具体的に提示されていなかった。ところが、2006年になってから、経済産業省によって策定され、経済財政諮問会議で決定された「グローバル経済戦略」においては、ASEAN＋6[8]という枠組みでFTAを推進することが明確化され、それに関する具体的なタイムスケジュールが提示された[9]。

　第三に、中国のFTA戦略の変化は、日韓両国のFTA戦略に重要な影響を与えた。2000年以後、中国は地域大国としての地位を築き、政治・経済問題において大きな影響力を持つようになった。最近の東アジ

（5）　FTAを一層推進するために、韓国政府は2003年8月の対外経済長官会議において「FTAロードマップ」を決定した。同ロードマップでは、大陸別の橋頭堡の後に巨大経済圏との本格的推進に移る2段階戦略（例えば、チリ→中南米）を採用し、対象国の選定に当たっては経済的妥当性と外交上の意義の双方を考慮することを明確にした。早期にFTAを推進すべき対象国として日本、シンガポール、ASEAN、欧州自由貿易連合（European Free Trade Association：以下、EFTA）などを挙げ、中長期的にはアメリカ、EU、中国などの巨大経済圏やその他に韓国とのFTAを希望する国を挙げている（外交通商部（2007：157頁））。

（6）　中島朋義（2009）「韓国のFTA政策——その概括と経済効果分析」徐勝・李康国（編）『韓米FTAと韓国経済危機——新自由主義経済下の日本への教訓』晃洋書房。

（7）　外務省（2004）「今後のEPA戦略推進に関する我が国の基本方針」(http://www.mofa.go.jp/mofaj/gaiko/fta/hoshin_0412.html)（2017年9月30日確認）。

（8）　日中韓、インド、オーストラリア、ニュージーランド。

（9）　経済産業省（2006）『グローバル経済戦略：東アジア経済統合と日本の選択』ぎょうせい。

第1章　韓国と日本のFTA政策と比較

アでのパワートランジションによる中国のプレゼンスの拡大が権威主義的な国際秩序への再編を加速させるのではないかという懸念が高まっている[10]。特に、中国はWTO加盟が視野に入ってきた2000年末ごろから、通商政策においてFTAを活用する動きを見せていた[11]。このような中国のFTA政策が他の東アジア諸国のFTA推進に拍車をかけた。韓国の場合、中国の東アジアの覇権拡大という戦略的な思惑によって、経済的利益の追求だけではなく、大国との関係強化という目的も重視された[12]。このような状況の中では、米国との関係を強化することが重要であると指摘されていた[13]。日本の場合は、90年代半ば以降低成長にしばしば喘いでおり、経済規模で中国に抜かれ、中長期的に国際協力も減少している様相を見せていた[14]。2007年にはインド、豪州とFTA交渉を開始したが、これもASEAN＋6推進戦略の一環であったといえよう。さらに日本がインドとのFTAに興味を示した背景には、中国に対抗できる政治経済的な対抗勢力としてインドへの期待がある[15]。そして、FTAの推進において韓国と日本は相互に影響し合っていると考えられる。後述するが、両国の産業構造が似ており、輸出競合度の高

---

(10)　天児慧（2011）「アジアの地域秩序と重層的ガバナンス」松岡俊二・勝間田弘『アジア地域統合の展開』勁草書房、17-21頁。

(11)　中国のFTA推進を説明する議論の多くは経済的な動機より政治的な動機を強調している。大きな成長の可能性を持っている中国において限定的な協定であるFTAの経済的利益は少なく、特に東アジア内でのFTAを見ると中国FTA戦略は経済的な理由より政治的な動機が強いという議論（Elaine S. Kwei、2006）などがある。

(12)　中国が政治的な利益を追求するためにFTAを推進しているという議論は、石川幸一（2006）と大西康雄（2007）が詳しい。

(13)　渡辺利夫（2008）『新脱亜論』文春新書。

(14)　経済産業省（2010）『通商白書2010——国を開き、アジアとともに成長する日本』229頁。

(15)　Shujiro Urata, 2009, "Japan's Free Trade Agreement Strategy" *The Japanese Economy*, vol 36, no. 2, Summer, p. 58.

い両国はFTA戦略の推進過程で互いに影響を与える可能性が高い[16]。上述の勢力均衡的な圧力の働きはASEANとのFTAの推進過程でより明確に見られる[17]。ASEAN市場向けの輸出の面で中国と競合する関係にある日本の場合は、中国が2002年11月4日にASEANとの間で「包括的な経済協力枠組協定」（Framework Agreement on Comprehensive Economic Cooperation）を締結し、2003年1月にFTA交渉を実施し、翌年に締結に至ったことにより、ASEANへの日本の政治的、経済的影響力が低下したことが懸念された[18]。現に、中国が「包括的な経済協力枠組協定」をASEANと締結した翌日に行われた「日ASEAN包括的経済連携構想に関する首脳達の共同宣言」には、日本の警戒心が表れていた[19]。その後、2003年11月に日本とASEANは包括的経済連携に

---

(16) 輸出競合度は、2国間の輸出商品構造の類似性を計量化し、海外市場での国際競争の度合いを測る指標であるが、競合度が1に近いほど競争が激しいことを意味する。中国と韓国の競合度が約0.38であることを踏まえると、日韓の競合度の高さが分かるが、最近の日韓輸出競合度を見ると、2009年に0.455、10年に0.467、11年に0.475、12年に0.481、2013年0.501と上昇を続けている。詳細にみると、2013年基準で半導体装備（0.766）、自動車（0.707）、産業機械（0.690）、鉄鋼板（0.646）、半導体（0.584）、重電機器（0.582）、プラスチック（0.541）など、韓国の主力輸出品は大部分、日本との競合度が高い（『連合ニュース』2014年3月17日記事）（http://japanese.yonhapnews.co.kr/relation/2014/03/17/0400000000AJP20140317001000882.HTML）。

(17) 東アジア地域では、特にASEANを中心としたFTAが中国、日本、韓国、インドなどの主要国と締結されるなど、域内国間のFTAを媒介とした地域主義が見られる（Crawford, Jo-Ann and Roberto V. Firorentino. "The Changing Landscape of Regional Trade Agreements," World Trade Organization, 2005, p. 2, pp. 10-13）。

(18) 実際に中国とASEANがFTAを締結した以前であった2000年代に入ってからも、ASEANの輸入額で中国が占める割合は増加し、相対的に韓国と日本の割合は減少しつつある状況であった（トラン・ヴラン・トゥ、2007）。

(19) 「日・ASEAN包括的経済連携構想に関する首脳達の共同宣言（2002年11月5日）」（http://www.mofa.go.jp/mofaj/kaidan/s_koi/asean_02/eco_kyodo.html）（2017年9月30日確認）。

合意し、2004年4月にFTA交渉を開始した。このような日本の動きについては、東アジア地域で中国にリーダーシップを取られることを憂慮し、ASEANとのFTAについての議論を急いだと指摘されている[20]。このような日本の戦略の変化は、中国がFTA交渉を通じて日本の主要な投資先であるASEAN諸国との経済関係の強化に積極的になったことに対する反応という見方がある[21]。韓国の場合、ASEANとのFTA交渉の開始は、中国と日本より遅い。2005年2月であったが、発効時期は中国と日本より早い。2009年にしたのはASEANの市場を先占する意図があった[22]。

2 国内的な類似点

まず、韓国と日本は国内の内需不振と景気低迷によって、経済的に困難な状況に置かれていた。韓国の場合は国内内需の停滞が顕著な状況であり、日本の場合は90年代のバブル崩壊、2007年のサブプライム危機、2011年の東日本大震災などによる国家的な危機に直面していた。韓国の場合は、IMF体制下でV字回復を達成した1999—2000年以後、経済成長率は鈍化していたが、それはもっぱら内需の低迷に起因する。2002年後半からはほぼ一貫して内需成長率がGDP成長率を下回っている[23]。日本の場合は、人口の減少や貯蓄率の低下といった問題による労働力不

---

[20] Cheong, Inkyo (2005) "Evaluation of Recent Progress of FTAs in East Asia -A Korean perspective" In Chooyong Ahn, Richard E. Baldwin and Inkyo Cheong, eds., *East Asian Economic Regionalism: Feasibilities and Challenge*. Netherland: Springer. p. 37.

[21] 中島朋義（2009）「韓国のFTA政策——その概括と経済効果分析」徐勝・李康国（編）『韓米FTAと韓国経済危機——新自由主義経済下の日本への教訓』晃洋書房、182頁。

[22] 金鉉宗（キム・ヒョンジョン）(2010)『김현종, 한미 FTA를 말하다（金鉉宗、韓米FTAを語る)』ホンソンサ、80-82頁。

[23] 奥田聡（2009）『米韓FTA——韓国対外経済政策の新たな展開』アジア経済研究所　36頁の図3。

足や、日本国内の消費力の限界が指摘された[24]。日本はGDPに占める輸出の割合が約15％であって他の国と比べても低いが、内需よりは輸出などによる外需の波及効果が大きいため、輸出の拡大が経済の浮揚に必要である[25]。実際に、日本経済の再活性化を目指して、「内外一体の経済政策」とその一環として「重層的な通商政策」を推進するという方針が2000年前後からの通商白書に明らかにされてきた[26]。韓国と日本のこのような経済停滞により、FTAに対する一般国民の支持が期待できる状況となっている。実際に韓国の場合、「韓米FTA阻止汎国民運動本部（通称「汎国本」）」が設立されて国内の猛烈な反対運動が行われた米韓FTAでさえも、一般の国民はFTA推進の必要性をかなり広く認識していたといえる[27]。

　第二に、両国は同様の輸出構造及び産業構造を持っており、FTAを推進する場合に、農業部門の強い反対に直面している。韓国と日本は輸出の中で第二次産業が占める割合が高く、農林水産業を含む第一次産業の割合は低い。韓国では輸出のほとんどが機械製品（32％）、電気・電子製品（31％）、科学工業製品（11％）、鉱産物（10％）、鉄鉱・金属製品（9％）であり、農林水産物は1％にすぎない状況である[28]。日本でも輸出のほとんどが機械製品（69.6％：その中で自動車の比率が、15.1％）、金属製品（7.3％）、化学製品（8.9％）であり、第二次産業での工業輸出が大半を占めている[29]。チリとのFTAを検討してみると、韓国と日本の輸出構造の類似性が顕著に表れてくる[30]。つまり、韓国と日本

---

(24)　経済産業省（2010、230頁）。
(25)　経済産業省（2011、138-144頁）。
(26)　柳原透（2004）「日本の『FTA戦略』と『官邸主導外交』」『海外事情』Vol. 52（4）、100-102頁。
(27)　韓米FTA民間対策委員会が2007年1月に発表したアンケート結果によれば、米韓FTA賛成は75.8％に上り、反対者の中でも42.8％はその必要性を認識したという（奥田、2007、73頁）。
(28)　2008年時点。経済産業省（2010、277頁）。

第 1 章　韓国と日本の FTA 政策と比較

は貿易自由化を進めるときに、価格競争力の低い農業産業が最も被害を受ける。実際に韓国と日本は、ウルグアイ・ラウンド（UR）の時に、米国などの国々が中心となったケアンズ・グループ（Cairns Group）[31]に対抗し、農産物純輸入国として農産物の完全自由化に抵抗した。ドーハ・ラウンドにおいても韓国と日本はスイス、ノルウェーなどの7カ国で、農業貿易の自由化に反対するグループを形成している[32]。さらに、GDP に占める農業産業の比率が韓国は約2.5％、日本は1.1％[33]といずれも低いにも関わらず、農業での自由貿易化に関する強い反対に直面している。そして両国の FTA に対する国内の農業対策も基本的には直接支払いと競争力の強化というところで同一である。韓国の場合は直接的な被害補填、品目別競争力の強化、根本的な体質の強化に区分して補償政策を推進している[34]。日本の場合は経営所得安定対策から戸別所得補償政策、また経営所得安定対策へ政策を転換した[35]。

---

(29)　2005年時点。経済産業省（2005）「日本の商品別輸出構造の推移」（http://www.meti.go.jp/policy/trade_policy/tradeq_a/html/dai2.html）（2017年9月30日確認）。

(30)　北野浩一（2007）「チリ—影響力の大きい部門別業界団体」東茂樹（編）『FTA の政治経済学——アジア・ラテンアメリカ7カ国の FTA 交渉』アジア経済研究所 243頁。

(31)　正式な名称は「Cairns Group for Fair Trading Agricultural Exporters」である。同グループは農産物輸出国の中で農産物輸出補助金を支給しない国々のグループであるが、ウルグアイ・ラウンドが始まる1カ月前の1986年オーストラリアのケアンズ市で結成されたので、ケアンズ・グループとして呼ばれている。このグループは UR の農産物交渉で共同歩調をとり、単一の協議案を提出した。なお、加盟国はカナダ、オーストラリア、ニュージーランド、アルゼンチン、ブラジル、ウルグアイ、チリ、コロンビア、タイ、フィリピン、ミャンマー、インドネシア、マレーシア、フィジー、ハンガリーである。

(32)　Urata（2009：p. 50）

(33)　2010年時点の世界銀行の資料を参照のこと。World Bank（2017),"Agriculture, value added（% of GDP），"〈https://data.worldbank.org/indicator/NV.AGR.TOTL.ZS〉（Accessed September 29, 2017).

第三に、韓国と日本は小選挙区制と比例代表制を議会の選挙制度として導入し実施している点で共通しており、政治制度としての選挙制度はFTA政策決定過程で両国の政治指導者のリーダーシップに影響を与える[36]。韓国の場合は小選挙区制単純多数代表制を導入し、比例代表制によって補完しており、日本の場合は1994年の選挙制度改革により衆議院選挙制度として小選挙区比例代表並立制を採用するようになった。韓国は計299人の国会議員を小選挙区制によって243人、比例代表制によって56人をそれぞれ選出したが、人口の変化と世宗特別自治市の設置に伴い小選挙区246人、比例代表54人の総定数300人に2012年2月29日改正された[37]。日本は2000年から計480人の衆議院議員を小選挙区で300人、比例代表区で180人を選出していたが、小選挙区の格差是正などにより、

---

(34) 韓国国会図書館（2009）「한미 FTA　한눈에　보기（韓米FTA 一目で見る）」と韓国国会図書館（2009）「한—EU FTA　한눈에　보기（韓—EU FTA 一目で見る）」を参照。

(35) 自民党政権では一貫して経営所得安定対策が実施されたが、民主党政権では、2010年から2012年の間に、コメ農家を対象に戸別所得補償政策が実施された。戸別所得補償政策は、経営所得安定対策のような生産規模による制約はなく、生産調整に参加する全ての販売農家を対象にすることになり、FTAによって被害を受けうる農業従事者への幅広い被害補償が可能になったと評価された（岩田伸人（2012）「戸別所得補償とTPP」馬田啓一・浦田秀次郎・木村福成（編）『日本のTPP戦略——課題と展望』文眞堂；石黒馨（2013）「FTA／EPA交渉と国内改革の2レベル・ゲーム」鈴木基史・岡田章（編）『国際紛争と協調ゲーム』有斐閣）。

(36) Haggard and McCubbins（2001）の研究とCox and McCubbins（2001）の研究などでは「目的の分立」という概念を用い、大統領と議院内閣制を一つにまとめる概念を提示した。これらの研究によると「権力の分立」が明確である大統領制においても「目的の分立」の程度が少ない場合には大統領との対立が少なく、議院内閣制でも「目的の分立」が大きければ与党議員でも首相の意向に抵抗する傾向が強くなるというが、この目的の分立は選挙制度に大きく影響を受ける。

(37) 小林良彰・岡田陽介・鷲田任邦・金兌希（2014）『代議制民主主義の比較研究』慶応義塾大学出版会、9-10頁。

2014年に計475人（小選挙区で295人、比例代表区で180人）に、さらに2017年に計465人（小選挙区で289人、比例代表区で176人）に衆議院の定数が変更された。日本の場合には小選挙区の候補者を比例代表の名簿にも登載することができる重複立候補制度によって小選挙区制と比例代表制が一部連動しているが、基本的には韓国と日本の両方とも有権者が1人2票を持ち、総定数の一定部分を小選挙区で、残りを比例代表区で選出する点で一致している。小選挙区制では各選挙区の定数が1であるため、有権者は基本的に二大政党の間で選択を行わなければならなくなり、政党のラベルが選挙戦を左右する重要決定因になる。特に政党執行部が公認付与権を持っているので小選挙区制下では候補者の自由度は大幅に低下することになり、米国のような予備選挙を実施しないことによっても執行部の集権化が生じるようになる。ただし、両国とも小選挙区制が中心になってはいるが、同時に比例代表制も導入しているので、二大政党制はやや不完全となる。まとめると、政策決定に対する議員の自律性が選挙制度によって大きく制限されるという面で韓国と日本は類似した議会の選挙制度を持っており、小選挙区制が中心になっている面で首相も大統領も所属政党の議員に対して強いリーダーシップを持つことになると考えられる[38]。

　本節の内容をまとめると、図1-1になる。本節では国内的、国際的な環境面での類似性に基づいて、両国を比較することの妥当性を明らかにした。また、国内外の圧力に直面した韓国と日本は経済的な側面だけではなく、東アジアでの中国の影響の拡大に対する対抗といった政治的側面があり、国益の観点からFTA推進への動機を持っている。ところ

---

(38)　韓国の場合、政党の総裁が大統領の候補に選出されることが多く大統領の所属している政党が与党になるので、大統領として選出されてからも政党に対して強い影響力を持っていると思われる。日本の場合、小選挙区への選挙制度での変化により議員との関係で首相のリーダーシップが強化されているという（待鳥聡史（2012）『首相政治の制度分析――現代日本政治の権力基盤』千倉書房、79-85頁、89-90頁）。

1　韓国と日本の国内・国際的な環境の比較

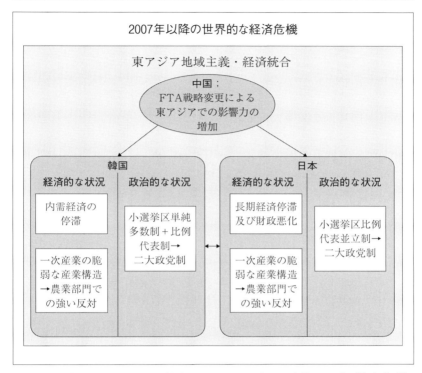

図1-1　韓国と日本のFTA推進を取り囲む国際・国内的な環境（筆者作成）

が、政策転換の過程に表れたように、両国ともFTAを推進する強いインセンティブを持っている一方で、実際のFTA政策の実施の面で違いを見せている。次節では、韓国と日本のFTA推進状況を検討し比較して、両国のFTA推進上にどのような違いがあるのかを明確にする。

2　韓国と日本のFTA政策の現状と比較

1　韓国のFTA拡大と日本の相対的な停滞：2000～2012年

次に示す表は2000年から2012年までの韓国と日本のFTA推進状況についてまとめたものである。

この表1-1を見ると、両国は次のような面で類似している。まず、政策の転換時期と転換の理由が類似している。日本は2002年、韓国は2004年に初めてFTAを締結することにより、FTA推進へ政策を転換した。特に両国ともFTAを締結しない状況で生じる他のFTAによる貿易迂回効果という不利益を回避し、国内経済の構造改革を促すためにFTAを推進するということを明らかにしている[39]。また、両国の初めてのFTA相手国を見ると、経済規模は大きくなく、FTAに積極的な国であるということが分かる。韓国の場合は試験的な交渉としてチリを選択し、日本の場合も交渉の容易さからシンガポールを選択したとされる[40]。第二に、2012年12月31日時点で日韓両国と交渉中であるか、共同研究していた国々を見ると、湾岸協力理事会（Gulf Cooperation Council、以下GCC）の諸国、豪州などであるが、韓国と日本の交渉相手国が重複していることがわかる。これは韓国と日本の産業構造が類似していることなどに起因すると思われる。例えば、GCC諸国や豪州などは資源国であって、韓国と日本にとって工業製品の輸出相手国でもある。第三に、両国の交渉相手国の中で重なっていた相手は、シンガポール、ASEAN、チリ、インド、ペルーであるが、この中でもASEANとイン

---

(39)　経済産業省（2001）『通商白書2001――21世紀においての対外経済政策の挑戦』、経済産業省（2002）『通商白書2002――東アジアの発展と日本の針路』。
(40)　中島（2009、182頁）。

2 韓国と日本のFTA政策の現状と比較

表1-1 韓国と日本のFTAの状況（2000年～2012年）

韓国のFTA推進状況			日本のEPA推進状況		
発効済み	チリ	2004年4月1日発効	発効済み	シンガポール	2002年11月30日発効
	シンガポール	2006年3月2日発効		メキシコ	2005年4月1日発効
	EFTA	2006年9月1日発効		マレーシア	2006年7月13日発効
	ASEAN	「商品貿易協定」2007年6月1日インドネシア、マレーシア、シンガポール、ベトナム、ミャンマー発効、2008年1月1日フィリピン発効、同年11月1日カンボジア発効、2010年1月1日タイ発効（全て発効）。「サービス貿易協定」2009年5月1日ミャンマー、シンガポール、ベトナム、マレーシア、フィリピン、ブルネイ発効、2010年1月1日タイ発効（インドネシア、カンボジア、ラオス未発効）。「投資協定」2009年9月1日シンガポール、タイ、ベトナム発効。		チリ	2007年9月3日発効
	インド	2010年1月1日発効		タイ	2007年11月1日発効
	EU	2011年7月1日発効		インドネシア	2008年7月1日発効
	ペルー	2011年8月1日発効		ブルネイ	2008年7月31日発効
	米国	2012年3月15日発効（2007年6月30日署名）		ASEAN	2008年4月14日、日本及び全ASEAN構成国の署名完了後、シンガポール、ラオス、ベトナム、ミャンマーとの間で、2008年12月1日、

					ブルネイとは2009年1月1日、マレーシアとは2009年2月1日、タイとは2009年6月1日、カンボジアとは2009年の12月1日、フィリピンとは2010年7月1日発効
署名済み及び妥結宣言	トルコ	2012年3月26日基本協定及び商品貿易協定署名		フィリピン	2008年12月11日発効
				スイス	2009年9月1日発効
				ベトナム	2009年10月1日発効
	コロンビア	2012年6月25日FTA交渉妥結宣言		インド	2011年8月1日発効
				ペルー	2012年3月1日発効
交渉中*1	カナダ、メキシコ、湾岸協力理事会（GCC*2）、オーストラリア、ニュージーランド、中国、インドネシア、ベトナム、日中韓、東アジア地域包括的経済連携（RCEP*3）		交渉中	湾岸協力理事会（GCC）、オーストラリア、モンゴル、カナダ、日中韓、東アジア地域包括的経済連携（RCEP）、コロンビア	
共同研究または検討中	日本、メルコスール、イスラエル、モンゴル、中米*4、マレーシア、インドネシア		共同研究または検討中	韓国、EU、ニュージーランド、トルコ	

(注) *1 交渉中のカテゴリーは、交渉開始されたのか否かが基準となる。
　　 *2 サウジアラビア、クウェート、バーレーン、カタール、アラブ首長国連邦、オマーンで構成される。
　　 *3 東アジア地域包括的経済連携（RCEP）は Regional Comprehensive Economic Partnership の略であるが、ASEAN＋日中韓豪NZ印を含む。
　　 *4 共同研究参加の中米6カ国はパナマ、コスタリカ、グアテマラ、エルサルバドル、ドミニカ共和国、ホンジュラスである。
(出典) 韓国の外交通商部のウェブサイトと日本の外務省のウェブサイトを参考に筆者作成。

ドの場合は前節で示したように、中国の圧力と東アジア地域主義という側面でFTA締結に至ったという解釈ができる。

しかし、2000年から2012年までの日韓のFTA政策には次のような違いが見られた。まず戦略の策定という側面での違いがある。韓国が2003年の早い段階でFTA戦略を立てたのに対して、日本は韓国より3年遅れて2006年にFTA戦略を樹立した。中島の研究（2009）によると、韓国は2003年9月に「FTAロードマップ」を公表して韓国のFTA政策の戦略を確立した後、FTAの経済効果を優先させる形で現実的な修正をしながら、積極的な政策の展開を見せた[41]。この戦略の枠組みの中に属していないFTAは韓国とチリとのFTAが唯一であり、今まで韓国が締結したFTAのほとんどは「同時多発的FTAの推進」という戦略の下で締結された。そして2004年6月に「自由貿易協定の締結手続き規則」（大統領訓令）を制定することにより、FTA締結手続きが明確に制度化された。これに対して、日本では全体的な戦略の構築は後回しにされ、当面の必要に応じてパートナーを選択し、2006年になってASEANをめぐる中国との競争関係が激化する状況の中で初めて全体的なFTA政策の戦略[42]を含む貿易戦略が作られた。なお、中島が指摘した日本の戦略的なFTA政策の不在は、2001年6月発表の「戦略的な通商政策の策定と実施を求める」という経団連の意見書でも言及されている[43]。この意見書では、日本は「中長期的な通商政策が明確になっていないことが、国際的な事業を展開している企業にとって将来の事業

---

(41) 中島（2009）。
(42) 2004年に決定された「今後のEPA戦略推進に関する我が国の基本方針」では、相手国としてアジアを中心とすることが示されており、FTAに対する戦略的な取り組みとしてより具体性を持つようになった。そして、2006年に決定された「グローバル経済戦略」においてはASEAN＋6（日中韓、インド、オーストラリア、ニュージーランド）という枠組でEPAを推進することが明確にされた。2007年にインド、オーストラリアと交渉が始まったのもこのASEAN＋6とのFTAを推進するという戦略の一環として位置付けられる。
(43) 経済団体連合会「戦略的な通商政策の策定と実施を求める──『通商立国』日本のグランドデザイン（2001年6月14日）」（http://www.keidanren.or.jp/japanese/policy/2001/029.html）（2017年9月30日確認）。

計画の策定の阻害要因となっている」とし、日本政府のFTA政策を批判している。

次に両国がFTAを締結した国々を見ると、大きく分けて三つの点で違いがあったことが分かる。まず、大国とのFTAの締結で韓国と日本は違いを見せる。締結の数だけをみると、米国とEUを除けば、韓国は既に発効済みのFTAが少なく、日本の方が締結の数の面では多いことが分かる。しかし、韓国は米国やEUのような大国とのFTAを多く締結しているために、貿易総額に占めるFTAの割合が日本と比較して高い[44]。当初、韓国はチリ、シンガポール、EFTA、ASEAN、インドとのFTA発効によっては全体貿易でFTAの割合が14%に過ぎなかったが、EUとのFTAの発効によってその割合が4分の1にまで上り、米国とのFTAの発効によってさらに約35.2%まで上昇した。

そして締結国を詳細に見ると、韓国に比べて日本は地理的に偏っていた。日本とFTAを締結した計13カ国の中で8カ国がASEANを含む東南アジア諸国であって、韓国に比べ地域的に偏重していた。基本的に、アジア地域は先進国の農産物輸出国とは異なり小規模零細な水田農業が特徴であるが、日本は東南アジア地域とのFTAを通じて農業分野での協力を一層進める一方で、日本のブランド農林水産物の輸出促進を図っていた[45]。東南アジア諸国の中でも特にタイは、農業保護を継続している日本に対して、FTAを通じて農産物の輸出を図ろうとしていたが、結果的にタイの意図とは逆の結果が生じた。たとえば日本−タイEPAでは、日本がセンシティブ品目の除外あるいは再協議を獲得した点が目立つ。特に、日本−タイEPAでは、他の分野に先んじて農業分野が合

---

(44) 貿易総額に占めるFTAの割合は、韓国は35.2%で、日本は18.6で差が大きい。ジェトロ世界貿易投資報告（2012、51頁）。
(45) 全国農業協同組合中央会「韓国、タイ、フィリピン、マレーシア、インドネシアとの自由貿易協定（FTA）に関するJAグループの基本的考え方」（2004年11月）。

意に達したが、合意に至った要因として、市場アクセスと経済協力をパッケージにする農林水産省の戦略[46]が成功したといわれている。ただし、これらの結果を合理的に説明するためには、タイの状況を理解する必要がある。当時タイでは鳥インフルエンザの発生を契機に輸出農産品の衛生基準を改善することが急務となり、タイの農協組織の整備を通じた農林業振興を図るために、農協間の連携強化による人材育成などを要望していた。このようなタイの特殊な状況が、経済協力や人材育成をパッケージで提供する代わりに農産品での自由化率を低くさせることを求める日本の交渉戦略と合致し、日本が農産品の除外あるいは再協議を達成できたとも言えよう。しかし、日本のEPA交渉は、基本的にすべての交渉分野に合意して締結される一括受諾方式（single undertaking[47]）で行われるので、交渉全体を捉えると、結果的には農業分野の合意後、工業製品の合意内容は当初の要求から大幅に後退する水準となった[48]。日本はASEAN諸国に対しては工業製品の関税撤廃を要請する一方で、自国の大幅な農業市場の開放は難しいため、経済協力を活用することで譲歩を引き出す戦略を採用していた。すなわち、東南アジア諸国とのFTAでは、日本は農林水産省を中心として農産物の除外または再協議を推進するとともに、その代わりに経済協力や人材育成をパッケージで提供したのが特徴的であるが、交渉全体を見れば、日本の得られる工業分野の開放度も大きく低下する傾向が見られた。

さらに、自国農業の開放度においても両国で差異が見られた。韓国の

---

(46) 農林水産省は「経済連携（EPA）・自由貿易協定（FTA）交渉における農林水産物の取扱いについての基本方針（2004年6月）」で、日本の農林水産省のアジアのEPA交渉に対して新たな戦略を明らかにした。

(47) 物品の関税撤廃や値下げだけではなく、サービス、投資、経済協力、知的財産などの分野と一括して合意する、包括性を重視する交渉の仕方である。このような方式は、交渉力の強い分野と弱い分野を同時に交渉するので、品目と分野を超える取引きや譲歩が可能になる。

(48) 東（2007a、30頁）。

第1章　韓国と日本のFTA政策と比較

場合は米韓FTAや韓—EU　FTAの締結で見られるように、日本に比べて相対的に農業での開放度が高かった。将来的に実質的に自由化されるものを含めば、米韓FTAも韓—EU　FTAも品目ベースで99.0％の自由化率を達成するといわれた[49]。それに対して、日本の場合、2012年までに締結したEPAの中では、米などの850個の品目の農林水産品は除外され、一度も関税が撤廃されたことがなかったために、全体的な貿易自由化率も低かった。このような日本の特徴は、日本の通商白書で明示されている[50]。2012年までに日本が締結したEPAの自由化率は総額ベースで見て90％以上を達成しているが、品目ベースで見ると約86-87％となっている。これは日本が自由化の例外を多く設けてきたからにほかならないという。特に、米韓FTAが品目ベースで95％以上の自由化を達成したことを考えると、日本が2012年まで結んできたEPAの自由化率は低いと言わざるを得ない。上記の東南アジアとのFTAでみられた戦略的な特徴と農業開放度の低さは、メキシコとのEPAにも表れている。日墨EPAは、シンガポールに続いて2番目に締結されたEPAであり、本格的に農産物交渉を行った最初のEPAであった。メキシコとのEPA締結以前、日本の企業はすでにメキシコとFTAを締結している欧米諸国の企業に比べて関税や政府調達の面で不利な状況にあったため、経団連などの経済団体からメキシコとのEPAを推進するよう圧力があった。一方、日墨EPAでは豚肉とオレンジジュースの無関税枠の設定を巡って政府間交渉が決裂しかけたが、最終的には妥結された。FTA先進国のメキシコは、FTAの締結に伴う経済効果が国内で期待されたほど出ておらず、対外貿易の増加の代わりに国内の産業競争力の強化を重視する姿勢を見せていた。実際にメキシコは貿易よりも

---

(49) 経済産業省（2012）『通商白書2012——世界とつながりの中で広げる成長のフロンティア』390頁。

(50) 経済産業省（2012）『通商白書2012——世界とつながりの中で広げる成長のフロンティア』388-389頁。

先進国からの直接投資の促進と、それを通じた産業での競争力強化と雇用の増加を目的にFTAを推進しており、この産業競争力の強化こそが対日本EPA交渉で重視してきた産業分野の経済協力の大きな柱であった[51]。しかし、一般的にFTAの交渉では自由化の例外とする品目が多ければ多いほど、相手国から自らの関心がある品目の自由化をもたらすことが難しくなり、また、交渉できる余地が限られるので、交渉自体が難航することになる。まとめると、2000年から2012年の日韓のFTA政策では、戦略の策定、大国とのFTA締結状況、締結国の類型、そして農業開放度の面で違いがあった。また、FTA交渉が輸出入で占める割合の面から見た量的な側面だけでなく、実質的な開放度という質的な側面でも、韓国はFTAを促進していたが、日本は停滞していたといえる。ところが、2013年以降になると、日韓両国のFTA政策では明らかな変化が表れ始めた。

2　日韓のFTAでの自由化水準の逆転：韓国の自由化水準の低下と日本のTPP推進（2013年以降）

2013年以降の韓国と日本のFTA推進状況を、表1-2にまとめた。

韓国の場合、2012年12月31日時点で交渉中であった、英連邦3カ国とのFTA、韓ベトナムFTA、そして韓中FTAが締結され、発効まで至った。また、2012年12月31日時点で検討中であった南米諸国とのFTAが2016年11月に妥結され、2017年3月10日に仮署名された。日本の場合、2012年12月31日時点で交渉中であった日豪EPAと日モンゴルEPAが締結・発効された。そして、日本は環太平洋パートナーシップ（Trans Pacific Partnership：以下、TPP）に2013年7月23日に正式に交渉に参加し、TPPは2015年10月5日に大筋合意した。その後、2016年2月4日に12カ国が署名し、日本は12月9日に国会の批准手続きも完了し

---

(51)　東（2007a、43頁）。

表1-2　韓国と日本の2013年以降の状況

韓国のFTA推進状況			日本のFTA推進状況		
発効済み	豪州	2014年12月12日発効	発効済みおよび批准	豪州	2015年1月15日発効
	カナダ	2015年1月1日発効			
	ニュージーランド	2015年12月20日発効			
	ベトナム	2015年12月20日発効			
	中国	2015年12月20日発効		モンゴル	2016年2月4日発効
署名	中米	2017年3月10日仮署名		TPP	2016年12月9日批准

（出典）　韓国の産業通商資源部と日本の外務省のウェブサイトを参考に筆者作成（2017年9月30日時点）。

た[52]。ところが、2013年以降の両国のFTA推進状況を見ると、2012年までの両国のFTA推進状況とは明らかに違いが表れている。前述したように、2012年までの韓国と日本のFTAでは、戦略の策定、大国とのFTA、締結国の類型、そして農業開放度の面で違いがあり、韓国はFTAを促進しているが、日本は停滞しているとしばしば指摘されてきた。しかし、2013年以降の両国のFTAでは、これらの違いがなくなる半面、農業開放度の面では、韓国の自由化水準が低下し、日本の自由化水準は増加しているという新たな違いが表面化している。

　これらの変化を詳しく説明すると、次のようになる。第一に、政策の策定という側面である。韓国の場合、2013年2月に発足した朴槿惠（パク・クネ）政権は2013年6月にFTA戦略の基本方針をまとめた「新通商ロードマップ」を発表した。「新通商ロードマップ」にはFTA推進

---

[52]　しかし、2017年1月24日米国がTPP脱退を宣言し、米国を除く11カ国による発効を進めている状況である。

のための4大課題が提示されているが、その一つが韓中FTAを通じて、中国主導の東アジア地域包括的経済連携（Regional Comprehensive Economic Partnership：以下、RCEP）と米国主導のTPPをつなげる役割を果たすことであった。また、韓国の主な輸出商品である携帯電話、自動車などの輸出拡大のためにも、韓中FTAの締結が必要であると明記している[53]。日本の場合、2014年6月に「日本再興戦略─未来への挑戦」[54]という閣議決定をし、その一環としてFTAを推進することを公表した。貿易全体で占めるFTAの比率を2018年までに70％（2012年時点で、18.9％）まで増加させ、2020年までに中堅企業等の輸出額を2010年比2倍にするという目標は打ち出した。具体的な施策として、国益を最大化する形でTPP交渉の早期妥結を目指し、日EU EPA、日中韓FTA、RCEPなどの経済連携交渉を同時並行で推進していくことを決定した。

第二に、大国とのFTAや、締結国の類型の面である。韓国の場合、先進国である英連邦3カ国とFTAを締結し、韓国にとって最大の貿易相手国である中国とFTAを締結した。韓中FTAの締結によって韓国は世界3大経済圏とFTAを締結することになった。日本の場合、韓国と同じく豪州とFTAを締結し、当初、実質的に日米FTAとも言われたTPPも署名し批准に至った。

第三に、自国農業の開放度の面である。韓国の場合、2012年までに結んできたFTAと比べて、2013年以降に締結したFTAでの農業開放度が相対的に低下した。例えば、韓豪FTAと韓カナダFTAでは、全体農産物の10.5％と14.1％（品目数基準）が除外対象になり、全体農産物の38.5％と18.8％については関税の部分的な引き下げ、季節関税、セー

---

(53) 産業通商資源部（2013）『通商白書』、5-6頁。
(54) 2015年6月に改めて「日本再興戦略改訂2015──未来への投資・生産性革命」を閣議決定したが、FTAに関しての基本方針は2014年の閣議決定と同様である。

第 1 章　韓国と日本の FTA 政策と比較

フガードの特別措置が設けられた[55]。米韓 FTA が品目数基準で農産物全体の 1 ％だけを除外したことと比べると、農業での開放度が低下したと言える。特に、韓中 FTA の場合、今まで韓国が結んできた FTA の中で最も自由化水準（輸入額基準で約85％、品目数基準で約90％）が低く、政治的に敏感な農産品は関税撤廃の除外対象（輸入額基準で農産品の約60％、品目数基準で農産品の約30％）になった。日本の場合、日豪 EPA が農産品の自由化水準をめぐって一度は中断したが、最終的合意内容を見ると、それ以前の日本の FTA の中で最も農業での開放水準が高かった。さらに、TPP の場合、日本が今まで結んできた FTA の中で最も自由化水準（品目数基準で95.1％）が高く、「聖域」とも言われる農産物重要 5 項目（コメ、麦、牛肉・豚肉、乳製品、サトウキビ）も一定の自由化（品目基準で81％）が認められた。まとめると、2013年以降では、韓国も日本も FTA に関する体系的な国家戦略を立て FTA を推進し、主な大国と FTA を締結した。つまり、2013年以降になると、両国は FTA 戦略の策定、大国との FTA、締結国の類型の面では類似するようになった。ところが、FTA での農業開放度という面からすると、自由化水準が逆転しつつある傾向が見られる。韓国は米韓 FTA とは違って政治的に敏感な農産品を排除し、国内の反発を招かないような交渉を進めている一方で、日本は政治的に敏感な農産品の開放を含む形の交渉を進めている点で変化が見られる。

　次章では、FTA 政策決定の国内政治要因を検討した主な先行研究を、 2 つのパターン、即ちアクターに焦点を置いた研究と、アクターの行為を促進または制約する制度に焦点を当てた研究に分けて検討する。その後、本研究の仮説と因果メカニズムを提示する。

---

(55)　韓国貿易協会『Trade Brief』No. 74、54頁。

第2章 FTA 政策に関する先行研究：
FTA 政策の国内政治的な要因の検討

　FTA 政策のような通商政策は、他の政策分野と比較してみても国内の政治的状況だけではなく、国際政治や貿易相手国からの影響に対する分析が必要な領域である。それを表したのが図2-1である。

　特に FTA 交渉のような国際交渉の場合には、対外交渉と対内交渉が交渉の全過程を通して相互作用をすると言われている[1]。しかし、本研究の対象になっている韓国と日本の FTA 政策は、前述したように国際的な環境の多くの部分が似ているため、この類似性を前提にし、類似した条件を持つ国を韓国と日本の交渉対象国として事例分析をすることによって、国際政治的な影響をコントロールする。すなわち、本研究では、国内の政治的要因に焦点を当てており、先行研究も FTA 政策の国内政治要因を検討した議論に限定する。

　FTA 政策の国内政治的な要因を検討した従来の仮説は、大きく分けてアクター自体に焦点を当てた研究とそのアクターの行為を促進または制約する制度に焦点を当てた研究がある。以下では、それらの仮説を評価した後、本研究の理論的枠組みを導く。

（1）　Putnam, Robert D., "The Diplomacy and Domestic Politics: The Logics of Two-Level Games," *International Organization*, 42. 3, Summer 1988, pp. 435-436.

第 2 章　FTA 政策に関する先行研究：FTA 政策の国内政治的な要因の検討

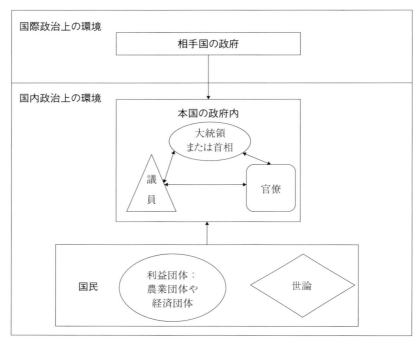

図2-1　FTA 政策に影響を与えうるアクターと相互作用（筆者作成）

1　パターン1：特定のアクターの選好またはアクターの相互関係に焦点を当てた分析アプローチ

1　先行研究の整理

　図2-2で示しているように、FTA 政策は国民の意見を反映する世論や利益団体の影響を受けて、政府内の大統領や首相、官僚、国会議員間の相互作用を通じて決定されるのが一般的である。ところが、FTA を中心とする二国間協定に関わる国内の政治的要因を検討した従来の先行研究は、基本的には、政府内の相互作用を検討しながらも、経済団体

1 パターン1：特定のアクターの選好またはアクターの相互関係に焦点を当てた分析アプローチ

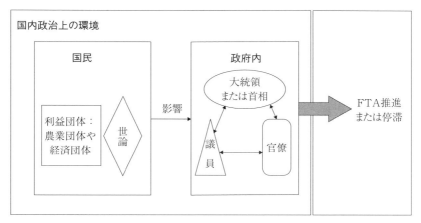

図2-2　FTA政策に影響を与えうる国内のアクターと政策の決定（筆者作成）

などの利益団体、官僚、首相や大統領などのいくつかの特定のアクターに焦点を当てて、それらの影響力が大きいことを前提とする研究が多い。ここでは、日韓のFTA政策に関する先行研究を主に考慮するが、FTA政策の国内政治的な要因を検討した代表的な研究についても検討し、一般的な理論の枠組みに基づいて仮説を立てることを試みる。

まず、利益団体に焦点を置いてFTA政策を説明した先行研究は、次の通りである。これらの研究は、アクター間の相互作用に焦点を当ててはいるが、基本的に利益団体の選好と利益集団間の対立を中心にFTA政策の促進と停滞が決定されるという視点に立った研究がほとんどである。各国のFTA推進について最も頻繁に見られるのは、産業界による圧力を強調する研究であり、輸出産業を中心とした企業が利益追求のためにFTAを推進しようとするものである。まず、Grossman and Helpman（1995）の研究では、一般的に個々の利益集団がどの程度の影響力を持っているかによってFTA政策が決定されると主張し、FTA政策を推進するのは国内利益集団であるという観点を提示する[2]。お互いの利益が一致する集団は連携して、FTA政策の推進を目的として政府

第 2 章　FTA 政策に関する先行研究：FTA 政策の国内政治的な要因の検討

に組織化された圧力を行使するという。Baldwin（1995；1997）の研究は、FTA のような地域主義の形成における産業界の圧力と影響力に注目する一般的な研究である(3)。韓国の FTA 政策と利益団体に関する研究として、金（2006）(4)と大西（2016)(5)の研究がある。まず、金の研究では、貿易政策に関する利益集団の競争、特に米韓 FTA で見られた利益集団の競争に注目している。そして、FTA と関連した国内の利益集団政治と FTA によって被害を受ける集団に対する貿易支援制度について論じている。また、大西の研究では、韓国の歴代政権の貿易政策を利益団体の影響力の変容と関連付けて説明している。廬武鉉政権（2003年 2 月～2008年 2 月）以前の韓国の貿易政策が遅滞していたことを指摘し、その原因として利益団体の強い影響力を挙げている。一方、廬武鉉政権以降の FTA 政策は積極化に転じ、それを利益団体の弱体化によるものであると分析している。日本の FTA 政策と利益団体に関する研究として、Yoshimatsu（2005）(6)、松石（2005）(7)、中川（2006）(8)、

（2）　Grossman, Gene M. and Elhanan Helpman (1995), "The Politics of Free-Trade Agreements," *The American Economic Review*, Vol. 85, No. 4, pp. 667-690.

（3）　Baldwin（1995）の研究では、エリートが FTA の促進のために政府官僚に圧力を行使すると主張する。Richard Baldwin (1995), "A Domino Theory of Regionalism," in Richard Baldwin, Pertti Happaranranta and Jaakko Kiander, eds., Expanding Membership of the European Union, Cambridge: Cambridge University press. そして、Baldwin（1997）の他の研究でも EC の拡大により EC の非加盟国の輸出産業の不利益が拡大し、その結果として EC 加盟に対する賛成派と反対派とのバランスが変化し、この非加盟国が EC に加盟したという。Baldwin, Richard E. (1997), "The Cause of Regionalism," *World Economy*, 20 (7) pp. 865-888.

（4）　金・ソグ（2006）「자유무역협정의 국내정치경제（自由貿易協定の国内政治経済）」『세계정치：자유무역협정의 정치경제（世界政治：自由貿易協定の政治経済）』ユンヨンガン（編）ソウル大学国際問題研究所、61-92頁。

（5）　大西裕（2016）「韓国——自由貿易への転換」大矢根聡、大西裕（編）『FTA・TPP の政治学』有斐閣。

Solis and Katada（2007）[9]の研究があるが、日本のFTA推進への転換について経団連などの産業界の影響力に注目している。そして、大矢根（2016）[10]は、日本のFTA政策が一貫して進展していると展望している点で上記の研究と一致するが、しばしば遅滞が生じことを指摘し、その原因を安全保障、社会保障、農業の影響に見出している。

次に、官僚に焦点を当てた先行研究は次の通りである。特に、政府内の政治過程に現れる官僚の選好、認識の変化、官僚間の連携に応じて、FTA政策の促進と停滞が決定するという研究が多くなされている。荻田（2004）は、FTA推進の主体は産業界や圧力団体や族議員ではなく、もっぱら官僚という政策立案者であると主張している[11]。海老名（2005）は、日墨EPAを事例として、通産省（後に経産省）、外務省、農水省の段階的な選好の変化によって日墨EPAが締結に至ったと主張する。特に国際交渉過程が国内の官僚集団内部の力関係や組織としての

（6） Yoshimatsu, Hidetaka（2005）, "Japan's Keidanren and Free Trade Agreements: Societal Interests and Trade Policy," *Asian Survey*, Vol. 45, Issue 2, pp. 258-278.

（7） 松石達彦（2005）「東アジアにおけるFTA急増の背景とその問題点」『久留米大学産業研究』第46巻第3号、167-190頁。

（8） 日本が日墨EPA交渉に参加した理由として、産業界の強い働きかけがあったことを指摘する。特に、経団連がメキシコとFTAの積極的な締結を要望したと主張する。中川淳司（2006）「対外経済政策――日米構造協議から東アジア共同体へ」東京大学社会科学研究所編『失われた10年を超えて [Ⅱ] 小泉改革への時代』、東京大学出版会、327頁。

（9） 日墨FTAについて自動車企業や政府調達受注企業などの日本の多くの産業において、メキシコがすでに締結していた欧米諸国の企業との競争条件が均等になれるのが非常に重要であったことを指摘する。Solis, Mireya and Saori N. Katada（2007）, "The Japan-Mexico FTA: A Cross-Regional Step in the Path Towards Asian Regionalism," *Pacific Affairs*, Vol. 80, Issue 2, pp. 279-301.

（10） 大矢根聡（2016）「日本――安全保障の期待と社会不安」大屋根聡、大西裕（編）『FTA・TPPの政治学』有斐閣。

（11） 荻田竜史（2004）「『超大国』米国と『遅れて来た』日本のFTA戦略」渡辺利夫編『東アジア市場統合への道：FTAへの課題と挑戦』、勁草書房。

第 2 章　FTA 政策に関する先行研究：FTA 政策の国内政治的な要因の検討

行動原理にまで影響を与える可能性があると論じている[12]。多くの既存研究が利益集団の圧力や利益集団と官僚の連携に注目してきたが、金（2008）は、農業集団内部のアクターの選好の多様性に注目し、自民党農林水産物貿易調査会の影響を取り入れながら、外務省、経産省、農水省のなどの日本の FTA で見られる官僚集団の選好の多様性と変化を分析している[13]。関沢（2008）は、日墨 EPA の事例研究を通じて、「利益集団政治」から「公益政治」への官僚の認知変化よってメキシコとの EPA 締結が可能になったと主張する[14]。さらに、商社を中心とする一部の企業だけが日本とメキシコとの EPA 推進を主張したため、産業界の中でも EPA 推進の動きが強くなかった一方で、農業関係者が EPA に強く反対したことに焦点を置き、利益団体の力学ではメキシコとの EPA は成立しなかった点を提示する。即ち、農水省の官僚を中心とした農業関係者の認識の変化により、一定範囲における農業市場の開放が可能になったと分析する。

　首相または大統領の FTA 交渉でのリーダーシップを議論に取り入れた研究として次のものがある。Mansfiled and Milner（2012）は、政治指導者の国内政治的な利得、特にレジームまたは拒否権者の数などが及ぼす利得と費用に焦点を当てて、PTA（Preferential Trade Agreement）の拡張を説明する[15]。柳原（2004）は、日墨 EPA の交渉決裂後、2004年3月に大枠合意に貢献した一つの要因として、「官邸主導外交」を挙

---

[12]　海老名一郎（2005）「日本・メキシコ経済連携協定の2レベル・ゲーム分析」『経営経理研究』第76号、75-90頁。

[13]　金ゼンマ（2008）「日本の FTA 政策をめぐる国内政治：JSEPA 交渉プロセスの分析」『一橋法学』7巻3号683-719頁。

[14]　関沢洋一（2008）『日本の FTA 政策：その政治過程の分析』東京大学社会科学研究所。

[15]　Mansfield, Edward D. and Helen V. Milner（2012）, Vote, Vetoes, and the Political Economy of International Trade Agreements, Princeton University Press.

げている⁽¹⁶⁾。地域連携の推進と国内改革との相互関係をいかに進めうるかは、利害関係者や個別省益に対して官邸が国益の立場からどれだけの政治力を発揮しうるかにかかると論じている。基本的には経団連や日本商工会議所という産業系の立場を中心にして議論を進め、経済産業省や外務省の立場も議論に入れているが、国益に基づいた官邸主導の体制の構築がFTA推進に重要であると示している。奥田（2007、67-68頁；2009、209頁）の研究では、韓国のFTAの特徴として、大統領の強いリーダーシップと決定の果敢さと迅速さを挙げている[17]。まず、2007年の研究では、米韓FTAの妥結を当時の大統領であった盧武鉉大統領の強いリーダーシップによって説明している。そして、2009年の研究では全体的な韓国のFTAの特徴が説明されているが、FTAの開始への大統領というトップの決断と、交渉の継続と終結における大統領のリーダーシップの強さをその特徴として説明している。金（2012）は、日韓両国がFTAを積極的に推進するという政策転換が、両国の政策決定者である大統領と首相の考え方の転換によって可能になったと説明している。さらに金は、米韓FTAを中心に説明しながら日本の事例と比較しているが、韓国の場合は政策過程のアクターとして盧武鉉大統領と金鉉宗通商交渉本部長の役割に、日本では小泉首相に焦点を置いて説明している[18]。

　これまで要約した研究では、利益団体、官僚、政治指導者以外のアクターは重要視されていない。国民の意見などの一般世論は総論的には両

---

(16) 柳原透（2004）「日本の『FTA戦略』と『官邸主導外交』」『海外事情』Vol. 52（4）、92-108頁。

(17) 奥田聡（2007）「韓国――韓米FTA交渉にみる国内調整の難しさ」東茂樹（編）『FTAの政治経済学――アジア・ラテンアメリカ7カ国のFTA交渉』アジア経済研究所；奥田聡（2009）『米韓FTA――韓国対外経済政策の新たな展開』アジア経済研究所。

(18) 金燦東（2012）「通商政策――韓米FTA交渉と日本FTA」森田朗、金井利之（編）『政策変容と制度設計：政界・省庁再編前後の行政』ミネルヴァ書房。

第 2 章　FTA 政策に関する先行研究：FTA 政策の国内政治的な要因の検討

国とも FTA への推進を賛成する立場を取ると扱われている[19]。また、韓国の場合には議会の役割も議論されているが、制度上、国会が交渉過程で何の役割も果たせなかったと言われている[20]。しかし、批准が難航したといわれている韓チリ FTA と米韓 FTA の批准過程で現れたように、分割政府、即ち議会で野党が多数派を占める時には国会が拒否権者になったことが確認されている[21]。

2　パターン 1 の先行研究の検討

　基本的に、アクター間の相互作用に関する研究は、国民や世論、議会の影響力を叙述するに留まっている反面、実質的な影響力を行使するアクターとしての利益団体や、政府内の意思決定を主導する政策決定者としての官僚、大統領や首相という政治指導者に着目している。ところが、これらの研究では、アクター間の影響力の違いの原因を究明する基本的な議論が行われず、特定の対象に注目する際に、そのアクターが及ぼす影響力を所与の条件とし、議論を進めている。つまり、パターン 1 の研究では特定のアクターに注目しているが、そのアクターがなぜ重要なのかについて適切な説明が施されていない。韓国は大統領または大統領直属の機関の長に重点を置く研究が目立ち、日本の場合は官僚に重点を置く。言い換えれば、韓国の場合は大統領、より正確に言えば、通商交渉本部を FTA 政策の政策決定者として捉え、大統領のリーダーシップに焦点を当てる傾向が強い。その一方、日墨 EPA のような一部の EPA を除き、日本の EPA 政策に関しては実質的な政策決定者を官僚に設定し首相の権限が強くないことを前提としている。以上の議論をまとめると、パターン 1 の先行研究のほとんどは特定のアクターを中心に記述し、

---

(19)　奥田聡（2007、73頁）。
(20)　金燦東（2012、311-313頁）。
(21)　奥田聡（2007、74頁）。韓国の分割政府や日本のねじれ国会について第 4 章第 1 節で後述する。

また、そのアクターの影響力が最も大きいことを前提としている。しかし、すべてのアクターが相互に影響を与えるのか、特定のアクターがいかにして最も大きな影響力を発揮できるのか、またはその他のアクターの影響力がいかに制約されるのかに関する分析は十分とはいえない。

2 パターン2：FTA政策の推進を取り巻く構造や制度に焦点を当てた分析アプローチ

1 先行研究の整理

ここでは、パターン1の研究で見落とされている制度的な側面に焦点を当てている先行研究を検討する。政治経済の制度的な枠組や政策決定の過程の構造に注目して、その制度や構造が利益団体、官僚、議員、大統領または首相にどのような影響を与えているかを分析した研究として以下のものがある。東（2007a）は、日本のFTA交渉における政策決定過程で現れた制度的側面に注目し、政治家、官僚、国会、業界団体や個々の企業、市民団体などの各アクターの相互作用を分析することを通じて政策はどのように決定されるのかを説明する[22]。崔（2006）は、農業団体から構成された反FTA集団の政治的な影響力を分析して、政党チャネルの不備で農業団体は十分な政治的な影響力を行使することが出来ず、代わりにデモなどの高圧的なチャネルの形式で影響力を発揮したことを確認している[23]。これが表面化したのが、韓チリFTAであるとも論じている。金（2011b）は、FTA交渉における制度的側面に注

---

[22] 東茂樹（2007a）「FTA交渉における政策決定過程——日本の二国間EPA交渉相手を事例に」『西南学院大学経済学論集』Vol. 42（3）、pp. 25-43。

[23] 崔・テウク（2006）「한국의 FTA 정책과 이익집단정치（韓国のFTA政策と利益集団政治）」ユン・ヨンガン（編）『세계정치: 자유무역협정의 정치경제（世界政治：自由貿易協定の政治経済）』ソウル大学国際問題研究所。

第2章 FTA政策に関する先行研究：FTA政策の国内政治的な要因の検討

目し、韓国のFTA政策決定を評価し、その問題点についても指摘している[24]。特に、金は通商交渉本部やFTA推進委員会などの制度により、韓国が積極的なFTA推進ができたと述べている。苅込（2012）は、日韓のFTA政策での違いを行政制度の違いによるものであると分析している。韓国の通商交渉本部の成立による交渉制度の一元化と盧政権下での通商交渉体制の強化によって関係省庁間の意見調整が円滑になったと説明している。一方で、日本が政府内意思決定手続きとして採用している4省体制では省庁間の調整が難しい理由として合意に時間がかかる点を挙げている[25]。そして、藤末（2013）は、FTA政策決定システムを比較しFTA政策推進の違いを説明している[26]。特に、政策決定プロセス、交渉手続の規則化、政府交渉体制、政府系シンクタンクの面で、韓国のほうが日本よりFTAを推進するために有利なシステムを持っていると分析している。しかし、藤末はFTAの政策決定システムの違いの比較を叙述することに焦点を当ててはいるが、体系的な制度分析を行っていない。

2　パターン2の先行研究の検討

パターン2の先行研究は、FTAの推進において特定のアクターが強い影響力を行使するようになるメカニズムを検証できる。つまり、パターン1での研究では特定のアクターの強い影響力が前提とされている一方で、パターン2の研究ではその影響力を制約したり、強化したりする外部要因としての制度について焦点を当て、特定のアクターの影響力やリーダーシップの構造について考察を行っている。しかしながら、貿

---

[24]　金ゼンマ（2011b）「韓国のFTA政策決定過程：東アジア共同体への示唆」『アジア太平洋討究』Vol. 17、pp. 61-77。

[25]　苅込俊二（2012）「韓国のFTA戦略：FTAを積極推進できる要因と日本への示唆」『みずほ総研論集』2012（2）、pp. 23-42。

[26]　藤末健三（2013）「FTAに関する政策決定システムの日韓比較分析」『北東アジア研究』第24巻、pp. 19-42。

2 パターン2：FTA政策の推進を取り巻く構造や制度に焦点を当てた分析アプローチ

易に関する国内政策を分析する際には、貿易に関する選好を定義する国内制度に関してまず説明する必要性があるだろう。即ち、アクターの選好分析をしたり、アクターの影響力を所与として分析したりする前に、制度分析を通して国家の利益やアクターの影響力と権限がどのように規定されるのかを分析すべきである[27]。しかし、パターン2の殆どの先行研究は、FTA政策で見られる両国の制度的な相違を叙述することに留まり、体系的な比較制度分析を行っていない。その点を踏まえて、本研究では、制度的な観点に基づいて、韓国の大統領と日本の首相のリーダーシップの構造を比較し、これらがいかにしてFTA政策の違いをもたらすのかを分析することを試みる。

---

(27) Barton, John H. et al.（2008）*The Evolution of the Trade Regime: Politics, Law, and Economics of the GATT and the WTO*, Princeton University Press, p. 14.

第3章　分析枠組み：
FTA 政策決定過程と日韓の制度構造

　本研究では大統領と首相はFTAを推進する動機を持つと前提し、これらのアクターの選好は議論の対象から除外する。つまり大統領と首相という政治指導者は省庁個別利益によって選好が形成される官僚とは異なり、一般的に国家全体の利益を考慮すると想定する。言い換えると、「消費者の利益」や「経済の活性化」といった全体利益、いわば「国益」という面で韓国の大統領と日本の首相は、FTAを推進しようとする選好を持っていると仮定する。そして、FTAの世界的な拡大トレンドの中で、貿易迂回効果を回避するために、日本と韓国の政治指導者は時間が経過するにつれてFTAをより促進する動機をさらに強く持つと仮定する[1]。まとめると、大統領と首相がFTA推進への意欲を同じように持つという前提の下で、次の仮説の検証を試みる。その仮説とは、「FTA政策を推進する際の韓国と日本のFTA政策決定過程での制度の違いが両国の政治指導者（韓国は大統領、日本は首相）のリーダーシップに影響を与え、結果的にFTA政策を推進する際の違いをもたらす」というものである。特に、韓国と日本のFTA政策決定過程としての

（1）　前述したように、韓国と日本は国内の内需不振と景気低迷による経済的に困難な状況に置かれ、それを打開する一環としてFTA政策を推進した（本書、23頁）。つまり、両国は国内経済の活性化の面で、FTAを推進することを明らかにしている中、両国の政治指導者がFTAを推進しようとする選好を持っていると仮定するのは妥当であると言える。

第3章　分析枠組み：FTA政策決定過程と日韓の制度構造

FTA交渉過程に影響を与える制度、即ち両国の「政治制度」と「行政制度」を連動的に考慮して説明する。

本研究は両国が積極的なFTA推進に政策転換を表明した2000年以降から2017年までを分析期間として設定した。ところが、2000年から2012年までは、それぞれのFTA政策に関連する制度構成は一定していたが、韓国の通商手続法の制定や、両国の政権交代（韓国の朴政権、日本の第2期安倍政権）後の制度変化により、2013年後から両国のFTA政策決定過程に影響を与える制度構造に変化が起きた。その時系列的な変化を区分するために、本論文では2000年代から2012年までを「ステージ1」、2013年以降を「ステージ2」に分けているが、ステージ2の期間の制度変化を見る時には、ステージ1を基準として比較する形を取る。以下では、「FTA政策に関連する制度」に関する概念を定義した後、韓国の大統領制と日本の議院内閣制でのFTA政策の特徴について分析する。

1　「FTA政策」に関する「制度」

本研究では、日韓のFTA政策に影響を与える制度に分析の焦点を置いているが、体系的な分析のために「FTA政策」、「関連する範囲」、そして「制度」に関する概念を明確にする必要がある。

まず、FTA政策の特徴について論じる。FTA政策は通商政策の一環であり、国際交渉の対象になるという点で、他の政策とは異なる特徴を持つ。通商政策の場合、国際政治や貿易相手国の影響を多く受ける分野として、他の政策よりも政策の効率性が重視される。特に、FTA政策の場合、「早い者勝ち」という言葉に表れるように、政策の迅速な推進が重要である。その政策推進の迅速さにおいて、何よりも重要視されるのが、貿易交渉と関連した一連の政策過程である。また、交渉が非公開で行われる場合が多く、一度決められた部分に関しては相手国との信

1 「FTA 政策」に関する「制度」

頼関係の問題もあり簡単に修正できないという特徴がある。このようなことを考慮すると、交渉過程をどこでコントロールするのか、関連するアクターがいつ、どの部分まで介入できるのか、などがFTA政策の重要な部分になると考えられる。

次に、FTA政策において分析対象になる政治・行政制度の範囲について論じる。FTA政策に影響を与える制度は、その範囲が一般的なレベルの制度からFTA政策だけに関する特殊なレベルの制度まで含んでいる。一般的なレベルで、政治制度の場合は選挙制度、ねじれ国会や分割政府などが挙げられ、行政制度の場合は日本の事務次官会議や経済財政諮問会議などの政策決定機関などが挙げられる。よりFTA政策に関連した政治制度としては、日本の衆参農林水産委員会のような委員会や、日本の農林部会のような党の政策決定機関が挙げられ、行政制度としては、FTA交渉制度、交渉組織の長の人事権などが挙げられる。しかしながら、本研究では、基本的には国益に関連して大きな影響を与える可能性のある政治的に敏感な交渉を分析の射程に置いている。そのため、FTA政策だけに関連した政治・行政制度だけではなく、より一般的なレベルでの政治・行政制度も分析の対象にする。ただし、選挙制度については、第1章で示したように韓国の国会と日本の衆議院は小選挙区制を採用している点で類似していることを前提としているため、日韓の選挙制度の比較は省略する。

最後に上述した政治・行政制度のどの部分に焦点を当てるのかについて論じる。一般的に、制度はアクターの選択を規定し、アクターの相互作用を形成するフレームワークとして定義される。また、フォーマル・インフォーマルなルールを含む、一連の制約として解釈される[2]。先行研究の検討を通じて分析したように、本研究では、アクターの影響力を規定する要素として制度に焦点を置き、そのアクターの相互作用を形成する枠組みとして制度を定義する。そして、本研究の焦点が政治指導者（韓国の大統領、日本の首相）にあるため、政治指導者と議員の関係、または、政治指導者と官僚の関係を規定する要因として制度を把握する。

第 3 章　分析枠組み：FTA 政策決定過程と日韓の制度構造

具体的に言えば、次の通りである。

(a)　政治指導者と議員の関係を決定する要因として政治制度を、政治指導者と官僚の関係を決定する要因として行政制度を分析の俎上に載せる。特に政治指導者が議員や官僚をコントロールする側面に焦点を置く。
(b)　本研究では、制度が政府内のアクターに影響を与えることに焦点を置いているが、政府外のアクター、特に農業団体に制度が及ぼす影響についても分析の視野に入れる。利益団体の対象を農業団体に限ったのは、日韓のFTA交渉で共通する一番大きな問題が農業貿易に関するものであったためである。
(c)　分析する制度の対象はフォーマルな制度であり、基本的に法律化された制度である。もちろん、規範や習慣などの非公式のルールもFTA政策に影響を与えることがあるかもしれないが[3]、日韓の客観的かつ体系的な比較分析のためにインフォーマルなルールは分析から除外する。

（2）　制度の定義に関しては、Douglass C. North（1990、3-4頁）や、John L. Campell（2004、1頁）、新川（2004、14頁）などに詳しい。Northの分析によると、制度というのは、人々の相互作用を形成するために考案された制約であり、個人の選択集合を定義するフレームワークである。また、Campellの分析によると、制度はフォーマル・インフォーマルなルール、監視と執行メカニズムなどを含み、個人、企業、利益団体などが相互作用する文脈を定義するシステムである。
（3）　例えば、金（2008）は、日・シンガポールEPAにおいて、官僚集団の内部の選好や行動規範の変化がEPAの締結に影響を与えたと分析しているが、この分析はインフォーマルなルールの変化によるものして捉えられる。

2　韓国の大統領制とFTA政策

1　ステージ1：大統領の強い権限と集権化

　韓国の大統領制は5年単位制（重任不可）であるが、一般的に大胆に政策を執行できるといわれている[4]。大統領制は一般的に行政府、立法府、司法府間の三権分立に基づいて制度設計がなされているが、韓国の大統領制は「委任型大統領制（Delegative Presidentialism）」と言われるほど大統領の権限が強い。また、大統領は行政府の長としての権限のみではなく、所属政党にも大きな力を発揮できるという[5]。通商交渉においては、韓国憲法によって大統領に国家代表権（憲法第66条）と条約締結権（憲法第73条）が付与されており、それによって大統領は韓国を代表して条約を締結する権限を持つ。特に、通商交渉の場合、国益と関連するため、交渉戦略を公開すること自体が処罰の対象になることもあるなど[6]、行政府が情報を独占しやすく、議会や国民に公開される部分が限定されがちである。ステージ1でのFTA政策決定過程は憲法で定められた大統領の条約締結権と、「自由貿易協定締結手続き規定（大統領訓令、2004年6月制定）」が根拠になって行われた。つまり、ステージ1のFTA政策決定過程は基本的に、行政府が交渉を行った後、議会で批准する形を取っていた。そのため、国会がFTA交渉過程に関わることができるのはFTAの批准同意案が国会に提出された後になり、国会は政府によって一方的に締結された条約内容を修正できなかった。

（4）　シン・ミョンスン（2003）『비교정치（比較政治）』서울：박영사、103頁。
（5）　中野実・廉載鎬（1998）「政策決定構造の日韓比較——分析枠組と事例分析」『レヴァイアサン』23号、84頁。
（6）　金鉉宗（2010、174-176頁）。

第3章　分析枠組み：FTA政策決定過程と日韓の制度構造

次に、ステージ1では、FTA交渉過程における大統領と省庁の関係においても、大統領の影響力は強かった。各省の長官は大統領が任命する政務職であり、人事聴聞法上、国会の承認を受ける必要があった[7]。しかし、ステージ1でFTA交渉を担当した通商交渉本部長は長官級でありながら、人事聴聞会の対象に含まれていないため、国会の承認なしで大統領が任命できた[8]。一方、大統領を中心とする集権化した制度構造のため、農業団体がFTA交渉過程に影響を与えうる経路はあまりなかった。例えば、FTAの交渉時に、農業団体は行政府の中の関係省庁である農林部に意見を述べることはできるが、実際には、農林部の意見もFTA交渉に反映されない制度的な仕組みになっていた。つまり、ステージ1では、韓国の農業団体は政府内のFTA政策決定過程で影響を及ぼす制度的な装置があまりなく、政府外のデモなどの活動を中心に行わざるを得なくなる状況に置かれていた。まとめると、ステージ1での韓国のFTA政策に関しては、大統領の強いリーダーシップがあったために、多数の国家との同時多発的なFTAが可能になり[9]、国内政治的に強い反発があった米韓FTAも大統領の強いリーダーシップによって可能になったと解することができよう[10]。

2　ステージ2：議会の影響力の増加と分権化の進展

ステージ1での集権的な構造は一連の制度変化によって分権化する傾

---

(7)「人事聴聞法（法律6271号）」が2000年に制定され、この制度により国会は人事聴聞会を開いて公職に就く人の業務能力や倫理性を検証することができるようになった。この制度は国会が大統領の人事権を統制する役割を果たし、人事権の行使を慎重にさせることを目的としている。
(8)　当時の野党であった民主党は、通商交渉本部長を対象に含む法律改正案を発議した。『京郷新聞』2012年8月29日記事。
(9)　金ゼンマ（2011a）「東アジアFTAと国内政治——韓国の事例から」松岡俊二・勝間田弘『アジア地域統合の展開』勁草書房、126頁。
(10)　奥田聡（2007、67-68頁）。

向が見られた。特に、米韓 FTA をきっかけに、FTA 交渉過程に不満を持った与野党議員によって通商協定締結の手続に関する法案を提出する動きが活発になり[11]、「通商条約の締結手続及び履行に関する法律：以下、通商手続法[12]」が2012年1月17日に制定（2012年7月17日に施行）された[13]。この通商手続法によって、通商条約締結計画の提出や、交渉過程の報告などが政府に義務付けられ、国会は交渉前から交渉過程に関与することができるようになった。ところが、この通商手続法が実際に適用された交渉は2013年以降の交渉であったため、実際にこの制度が機能したのは2013年以降になった。つまり、ステージ2になると、国会が交渉前、交渉中にも FTA の交渉過程に介入できるようになり、FTA 政策決定に関する国会の影響力が増加した。また、2013年2月の朴槿恵政権の発足と共に、行政府に一連の組織改編が行われたが、ステージ1で FTA 交渉を担当してきた通商交渉本部が知識経済部と合併され産業通商資源部に属することになった。それにより、対外交渉を担

---

(11) 実際に FTA 交渉過程に不満を持った与野党議員41人が2006年2月2日に「通商協定の締結手続に関する法」という法案を国会に提出したが、その法案は FTA 交渉開始前に国会の同意を得ることを義務づけるなど、FTA に対する国会の関与を拡大することを目的とした。第267回統一外交通商委員会傘下の法案審査小委員会の第4次会議録（2007年4月17日）、第269回統一外交通商委員会傘下の法案審査小委員会の第3次会議録（2007年10月4日）を参照。
(12) 主要な条文を見ると、次の通りである。
  ・5条：政府は、国会の外交統一委員会、産業通商資源委員会などの要求があるときは、進行中または署名が完了した通商条約について報告または書類の提出を行わなければならない。
  ・6条：産業通商資源部長官は、通商交渉開始前に通商条約締結計画を策定し、国会の産業通商資源委員会に遅滞なく報告を行わなければならない。
  ・10条：政府は通商条約締結計画に従って通商交渉を行わなければならない。
(13) ステージ1での FTA の集権的な交渉過程に対する国内の反対が、米韓 FTA をきっかけにさらに強くなり、民主主義の観点から韓国は集権的な FTA 推進体制の正当性に関して再検討が迫られていた。

当する組織が縮小されて、権限は弱まった。そして、交渉は産業通商資源部が行うが、署名後に批准同意案を提出するのは外交部であるなど、FTA交渉においての省庁間の協調が重要になってきた[14]。そして、朴槿恵大統領の罷免以降、新しく政権に就いた文在寅政権でも分権的な交渉制度は維持された。2017年6月5日に発表された組織改編案では、産業通商資源部をそのまま維持し、通商交渉機能は産業部分を担当する省庁内に残されることになった。加えて、FTA政策決定過程で分権化が進むと共に、農業団体がFTA交渉過程に影響を与えうるチャネルは増えた。通商手続法には交渉の開始前に公聴会の開催を義務化し（通商手続法第7条）、国民の意見を反映する（通商手続法第8条）ことが明記された。また、「通商交渉民間諮問委員会」が通商手続法第21条によって設置され、利益団体の意見を述べる場が設けられた。委員会では、「通商政策及び通商協定の基本方向（第21条第1項）」、「特定条約の推進及び締結の妥当性（第21条第2項）」、「通商条約の締結が国内経済に与える影響および国内補完対策（第21条第3項）」、「通商条約に関しての国民の共感を形成するための広報対策（第21条第4項）」、「通商条約締結計画の樹立（第21条第5項）」などの政策文書が策定された。そして、2013年5月から産業通商資源部によって「通商産業フォーラム」が定期的に開かれるようになり、農業団体が意見を述べるチャネルが作られた。通商担当組織である産業通商資源部の中に作られた「通商産業フォーラム」は国内産業と通商の連携強化のために設立されたものであり、農林水産分野を含めて業種別に24個の分科会議が設置されることになった。その中でも、農林水産分野は「農林分科」、「畜産分科」、「食品分科」、「水産分科」に分けられた[15]。まとめると、ステージ2以後は、FTA

---

(14) 李ゼホ（2013）『대중국 정책의 범정부 협력네트워크 강화방안（中国政策の汎政府の協力ネットの強化方案）』対外経済政策研究院。

(15) 「通商産業フォーラム紹介──構成と運営」産業通商資源部のFTAポータル（http://www.fta.go.kr/main/center/forum/1/）。

交渉過程に与える国会の影響力が増加し、FTA 交渉促進のために省庁間の協調が必要になるなど、政策決定過程での分権化が進んだといえる。

3 日本の議院内閣制と FTA 政策

1 ステージ1：強化された首相のリーダーシップと FTA 政策での限定的な効果

従来、弱い首相が日本政治の特徴として挙げられてきた[16]。しかし、1994年の選挙制度改革による二大政党制の出現や、1995年以降の行政改革による内閣機能の強化に基づいて、制度論的な観点からは強い首相の出現が可能になっていると考えられるようになった[17]。本論文の第1章第1節で提示したように、小選挙区制の導入によって多数政党にもとづいた国会での首相のリーダーシップの強化が図られるようになった。そして、1995年以降の行政改革によって内閣機能が大幅に強化された。続いて、1996年11月に中央省庁の再編を主な目的とする「行政改革会議」が設置され、1998年6月に「中央省庁等改革基本法」が成立し、2001年11月には府・省レベルの改革が大規模に行われた。それらの改革により、国の行政組織及び事務の効率化、行政機関間の内閣の総合調整機能の強化などが図られた[18]。例えば、内閣法4条2項の「閣議は、内閣総理大臣がこれを主宰する」という規定に、「この場合において、内閣総理大臣は内閣の重要政策に関する基本的方針その他の案件を発議

---

(16) 日本の弱い首相という研究は、Hayao Kenji（1993）や高安健将（2009）などに詳しい。Hayao Kenji（1993）の研究では、日本の首相の受動的なリーダーシップを説明し、高安健将（2009）の研究では、イギリスの首相と比べて議会過程に対するコントロールが欠如していることを説明している。
(17) 待鳥（2012）。
(18) 真渕勝（2009）『行政学』有斐閣、71-88頁。

第 3 章　分析枠組み：FTA 政策決定過程と日韓の制度構造

することができる」という新たな規程が付け加えられたが、FTA 交渉での 4 省体制に適用すると、内閣が交渉の基本方針を決め、行政機関間の総合調整機能を強化するといった制度的な装置が設けられたと言える。しかし、ステージ 1 での FTA 政策決定過程では、国会や与党が交渉前から交渉過程に関与できたため、基本的に与党や国会の承認を得てから官僚が交渉に入る仕組みになっていた。つまり、自民党内の農林部会や、農林水産物貿易調査会などで農産物の開放をめぐる審議が交渉前に行われ、国会が FTA 交渉前に交渉の内容や基本方針を衆参農林水産委員会での決議などを通じて決めるなどして、首相のリーダーシップを制限した[19]。一方、農業団体は、自民党内の農水産貿易調査会などで意見を述べることができ、関係省庁である農林水産省が交渉の主体であるため、韓国よりは FTA 交渉過程に影響を与えうるチャネルが多かった[20]。つまり、ステージ 1 での FTA 交渉過程では、農業団体の意見に基づき自民党の農水産物貿易調査会が基本方針を決め、それに基づいて官僚が交渉を担った。このような分権的な FTA 政策決定過程は、例えば、日墨 EPA の交渉過程によく表れている。農業団体は日墨 EPA の 2 回目の交渉後、すでに自民党に陳情し始め[21]、豚肉関税撤廃を阻止するた

---

[19]　例えば、日・シンガポール EPA の交渉過程に現れた自民党内の動きを見るとこのような仕組みがよく分かるが、自民党農林水産物貿易調査会の中川昭一会長は第 3 回交渉が行われた2001年 9 月 3 日に、「農産物の関税は WTO の場で議論するから二国間協定で更なる削減・撤廃は行わないという基本方針を決めた」という意見を表明し、自民党の日・シンガポール EPA に関する基本方針を明らかにした（『朝日新聞』2001年 9 月 4 日記事）。

[20]　ステージ 1 での日本の分権的な制度構造は農業団体に間接的だけではなく、直接的にも強い影響力を与えたが、その中でも全国農業協同組合中央会（以下、JA 全中）の影響力は強かった。例えば、日・タイ EPA の交渉では、JA 全中の会長がタイを訪問して、当時の首相であるタクシンに面会し、日・タイ EPA に対する業界の意向を伝えたという（大矢根（2016：50頁））。

[21]　金庚美（2007）「FTA と国際政治――日韓 FTA 政策の比較から」『国際関係論研究』第26号、25頁。

めに、全国養豚3団体、全国養豚協会、全国養豚経営者会議、日本養豚事業協同組合が発起人となって2003年7月15日に「FTA等対策協議会」を設置した。その協議会に自民党の農林水産物貿易調査会会長の中川昭一議員と自民党FTA特命委員会委員長の武部勤議員が出席したが、その場で農業団体がFTA交渉の邪魔するというマスコミの報道を批判し、「豚肉の除外に向けてやっていきたい」と述べていた[22]。その後、農林水産省は豚肉の関税撤廃の例外を認めるという基本方針を立てて交渉に入った[23]。また、日墨EPA交渉中に、農林水産省の熊沢英昭事務次官は、「農林産物は極めてセンシティブな問題であり、関税水準も含めて2国間協議をする考えはない」と述べ、農業を全般的に保護する基本的姿勢を強く主張していた[24]。このような状況の中で、産業界を中心に、FTA政策では首相の強いリーダーシップが必要であるという認識が強化されていった。特に、経団連の報告書では、国内に必要な構造改革を推進しながら、総合的なEPA戦略を策定するためには、首相の強いリーダーシップが必要であるということが強調された[25]。産業界は、日本のFTA推進のために、産業構造と行政体制の両面において国内体制の整備を提案した[26]。特にFTA政策に関しては、外務省、財務省、農林水産省、経済産業省がすべての交渉に参加するという分権的

---

[22] FTA等対策協議会（2003）「FTA等対策で養豚生産者ら総力結集」『養豚情報』鶏卵肉情報センター、Vol.31（9）、pp.11-13。
[23] 金庚美（2007、33頁）。
[24] 『毎日新聞』2001年6月1日記事。
[25] 日本がFTAを推進するために政治的なリーダーシップと一体的・集中的に取り組むための官邸主導体制の整備を提案し、EPA推進体制の構造の変化を要望した。経済団体連合会（2004）「経済連携の強化に向けた緊急提言――経済連携協定（EPA）を戦略的に推進するための具体的な方策、2004年3月16日」（https://www.keidanren.or.jp/japanese/policy/2004/020/index.html）（2017年9月30日確認）。
[26] 柳原透（2004）「日本の『FTA戦略』と『官邸主導外交』」『海外事情』Vol.52（4）、92-108頁。

第 3 章　分析枠組み：FTA 政策決定過程と日韓の制度構造

な仕組みを持ったため、交渉を進める上で省庁間の調整が必要であった。そうした中で、2009年 8 月30日に自民党政権から民主党政権に政権交代が起こり、2010年11月 9 日に内閣官房内の国家戦略室で「包括的な経済連携に関する基本方針」が閣議決定された。2016年 6 月に決められた「TPP 協定交渉参加国に向けた関係国との協議に関する体制」[27]を見ると、包括的経済連携に関する閣僚委員会の議長も首相が務めることになり、TPP の協議体制上では総理大臣がリーダーシップを発揮できる構造になった。しかし、民主党政権では首相の党内調整能力もなく、党内での内輪もめが繰り返され、官僚に対してもリーダーシップを取れなかった[28]。その中で、民主党政権での FTA に関する集権的な制度は機能できなかったと考えられる。まとめると、ステージ 1 では、一般的な側面では首相のリーダーシップが強化している構造になっていたにも関わらず、FTA 政策決定過程に関しては限定的な作用しかできなかった。また、民主党政権では FTA の集権的な推進制度が試みられたが、実際には機能できなかった。

2　ステージ 2 ：首相の強いリーダーシップ構造の発現と集権化

　ステージ 1 での日本は、FTA 政策において首相を中心とする集権的な制度体制を形成できなかったが、ステージ 2 では一連の制度変化によって FTA 政策推進体制が集権化する傾向が見られた。その最大のきっかけになったのは、民主党から自民党への政権交代と第 2 次安倍政権の発足であった。まず、首相の制度上強化されていたリーダーシップが実際の FTA 政策推進においても発揮された。当時の自民党政権は、TPP 交渉に参加することに反対するという公約を掲げて2012年12月に

---

(27)　「TPP 協定交渉参加国に向けた関係国との協議に関する体制」（http://www.cas.go.jp/jp/tpp/2012/6/tpp_taisei.pdf）（2017年11月20日確認）。
(28)　上川龍之進（2013）「民主党政権の失敗と一党優位政党制の弊害」『レヴァイアサン』53、9 -34頁。

政権交代を果たしたため、自民党内に TPP 参加に対する反対の声が大きかった[29]。しかし、日本の国内経済の活性化や安全保障面を考えて、安倍首相が TPP 参加を決断し[30]、TPP 参加のために党内調整を行って、参加可能になったと言われている[31]。また、首相は経済財政諮問会議を効率的に利用し、TPP の交渉体制や進め方などを決定し、国会や与党の政策調整機関の影響力を制限した。TPP の交渉開始前（2013年 2 月28日）と TPP 大筋合意後（2015年10月16日）には経済財政諮問会議を開き、TPP 関する基本方針を決めた。そして、官邸内に TPP に関する集権的な交渉体制を形成するため、「TPP に関する主要閣僚会議」や「TPP 政府対策本部」、「TPP 総合対策本部」などが設立されたが、これらの集権的な交渉体制は既存の 4 省体制による省益の追求から離れ、国益という観点で交渉を効率的に行う狙いがあった[32]。特に「TPP 政府対策本部」を活用することにより交渉機関を一元化することになったが、首相の直属スタッフである甘利明内閣府特命担当大臣を TPP 担当国務大臣として任命することによって、官僚に対する首相のリーダーシップの向上を図った。そして、この集権的な体制は TPP 以外の EPA、例えば、日・EU EPA の交渉などにも影響を及ぼした。一方、農業団体は、ステージ 1 に比べると、首相を中心とした集権的な制度構造が作られたため、FTA 交渉過程に影響を与えうるチャネルが少なくなっ

---

(29) 『日本農業新聞』2013年 1 月23日記事。
(30) 後述するが、安倍首相の TPP 参加表明の発言で TPP 参加決断の理由がよく表われている。
(31) 『産経新聞』2013年 3 月15日記事。
(32) TPP 政府対策本部交渉官任命に係る「大臣訓示式」で、甘利大臣は、「TPP は国益をかけた交渉。我が国は世界第三位の経済大国として交渉をリードしていかなくてはならない。交渉官の皆が省益を離れ、常に国益に資するという視点を持てるかどうかが成功のカギである」と発言した。「TPP 政府対策本部交渉官任命に係る『大臣訓示式』の実施について（平成25年 7 月 1 日）」(http://www.cas.go.jp/jp/tpp/tpp-taisakuhonbu.html)（2017年 9 月29日確認）。

た(33)。まとめると、ステージ2になると、FTA交渉過程においても首相の強いリーダーシップがより発揮できるようになり、集権化した交渉体制によって交渉が進められたといえる。

4 小括：日韓の比較

　韓国の場合、ステージ1では大統領を中心とする集権的な制度構造であったが、ステージ2になると議会の権限が強化されるなどして、より分権的な制度構造に変換した。韓国の農業団体もこの制度変化の影響を受けることになるが、制度構造が集権的から分権的になるにつれ、FTA交渉過程に影響を与える経路が増えた。一方、日本の場合、ステージ1では分権的だったFTA政策決定過程に関する制度構造が変わり、ステージ2になると官邸内にFTA交渉組織が作られるなどして、より集権的な制度構造に転換した。この制度変化により、日本の農業団体が影響を与える経路が少なくなった。この日韓の制度変化を総合的に考えてみると、2000年から2017年までの間の日韓のFTA政策に関する制度構造の変化のあり方は反対の傾向が表れたことが分かる。また、FTA政策推進においての効率性は、大統領制と議院内閣制の違いより、政治指導者を中心とする制度体制と関連すると考えられる。

　しかし、FTA政策上の違いの原因を明らかにするために大統領または首相の政策決定上のリーダーシップを規定する制度を詳しく見る必要がある。次章では、議員と政治指導者との関係を決定する政治制度と、官僚と政治指導者との関係を決定する行政制度を日韓で比較しながら、両国のFTA政策を説明する。

---

(33) 例えば、官邸によって「TPP協定交渉に関する意見提出のための業界団体などへの説明会」が開かれた。

第4章 FTA政策に関する制度と政治指導者のリーダーシップの集中と分散

1 FTA交渉上の政治制度とリーダーシップ

1 韓国のFTA交渉と政治制度：分割政府と委員会の役割

　韓国では、議会で野党が多数派を占める場合、即ち分割政府が生じた場合、大統領が関与することはできず[1]、一般的に政策推進が難航する場合がある。FTAの場合も、分割政府になった際に批准に難航することがあるが、韓国が今まで結んできたFTAの中で批准が難航したとされるのは、韓チリFTAと米韓FTAに限られる。そのうえ、韓国の分割政府の影響は必ずしも強くはない。本論文の研究対象となっている2000年から2017年の間の分割政府の有無を考察したのが**表4-1**である。FTAの積極的推進に政策転換を行った初期の時期には、分割政府が存在したが、その影響を受けているのは、韓チリFTAのみである。しかし、韓チリFTAの場合でも、批准に難航したとは言われているが、分

---

[1] 第3章第2節で前述したように韓国の大統領は所属政党に対しては大きな影響力を発揮できるが、野党に対しては直接的な影響力を持たない。さらに、韓国の大統領は法律上、選挙過程を含み政治的な中立性が要求される（公職選挙法第9条）。

第4章　FTA 政策に関する制度と政治指導者のリーダーシップの集中と分散

表4-1　韓国の政権別の分割政府の有無

1998.2.25-2003.2.24	2003.2.25-2008.2.24	2008.2.25-2013.2.24	2013.2.25-2017.5.9	2017.5.10-	
金大中政権：	盧武鉉政権	李明博政権	朴槿惠政権	文在寅政権	
-2000.5.29	2000.5.30-2004.5.29	2004.5.30-2008.5.29	2008.5.30-2012.5.29	2012.5.30-2016.5.29	2016.5.30-
第15代国会：野党（新韓国党）が多数党（分割政府）	第16代国会：野党（ハンナラ党）が多数党（分割政府）	第17代国会：与党（開かれたウリ党）が多数党	第18代国会：与党（ハンナラ党）が多数党	第19代国会：与党（セヌリ党）が多数党	第20代国会：野党*1（共に民主党）が多数党（分割政府）

（注）　＊1　文在寅政権の発足後、「共に民主党」が与党になったが、「共に民主党」が議席数110席、自由韓国党が議席数105席、国民の党が40席であったため、分割政府はそのまま維持された。

割政府の存在していた期間内（2000年5月30日-2004年5月29日）に交渉が締結され、発効（2004年4月1日）までされた[2]。それ以後のほとんどの期間には与党が多数党であった。また、朴槿惠政権の時期である2016年5月30日から、文在寅政府が新しく政権に就いた現在も分割政府が存在しているが、その期間中に批准を待っていたFTAはなかった。特に米韓FTA（2007年6月30日に署名）、韓EU FTA（2010年10月6日に署名）、そして韓中FTA（2015年6月1日に署名）の場合には、多数議席を有した与党が国会をコントロールしていた。また、分割政府による批准の難航も基本的にFTAの推進における迅速さを優先する余り、事前の国内調整に不備があったためである。つまり、政策決定の速さは「事前の国内調整の不足」の裏返しである[3]。

　韓国では行政府が主導する通商交渉に対して国会が審議または国内調整を図るが、その中心になっているのが、委員会[4]である。日本とは

（2）　韓チリFTAは第6章の第2節で詳しく後述する。
（3）　奥田聡（2009、210頁）。

違い、与党内に議論調整する場所はなく、国会の委員会中心で議論が行われ党内の意見も調整される[5]。FTA政策に関しては貿易や通商協定締結に関連する委員会で審議されるが、金大中政権と盧武鉉政権では「統一外交通商委員会」で、李明博政権までは「外交通商統一委員会」で審議された。この時期までは通商に関する権限を外交通商部の通商交渉本部が持ち、外交と通商部分が一体化していたため、審議も一つの委員会で行われた。ところが、2013年2月の朴槿恵政権の発足と共に、行政府に一連の組織改編が行われ、ステージ1でFTA交渉を担当してきた通商交渉本部が知識経済部と合併され産業通商資源部に属することになった。そのため、通商部分が外交部から切り離されることになり、委員会での審議も通商交渉に関しては「産業通商資源委員会」で、署名後の批准までの手続に関しては「外交統一委員会」で審議されることになった。このような委員会の枠組みは文政権でも維持されるが、これは行政府の組織の枠組みに沿って委員会が構成されるためである[6]。

しかし、FTA政策決定における委員会の権限に一番影響を与えたのは、2012年1月に制定され同年7月から施行された通商手続法（2013年3月23日に改正）[7]である。これ以前の時期、即ちステージ1では、交渉開始から妥結まで委員会がFTA交渉に関与できる窓口がなく、交渉が妥結された後の批准手続きにおいてのみ関与できた。これは、法律上、

（4） 韓国では本会議で審議される法律案を先に委員会で予備審査し、整理した後、本会議に上程する。この委員会制度は、複雑で多様な法律案を専門的な知識を持っていない議員で構成される本会議で議論するのが非効率であるため、その対策として発達した。
（5） 藤末（2013、30頁）。
（6） ただし、文政権では既存の「産業通商資源委員会」が「産業通商資源中小ベンチャー企業委員会」に拡大するが、産業通商資源中小ベンチャー企業委員会では文政権で新設された「中小ベンチャー企業部（政府組織法第26条第1項第18項に根拠）」の業務に関しても審議する。
（7） その改正は、朴槿恵政権の発足と共に行われた組織改編によるものであって、通商交渉に関する国会の権限に関しては変わりがない。

第4章　FTA政策に関する制度と政治指導者のリーダーシップの集中と分散

国会がFTA交渉を監視する具体的な方法と手続きを十分に持たず、行政府の権力を牽制できなかったことによるものであった[8]。例えば、盧武鉉政権の時にFTA政策に関わった国会の「統一外交通商委員会」での審議を見ると、通商交渉本部による報告は形式的なものであり、議題は常にFTA交渉の批准に関するものが中心であった。特に米韓FTAの時にも、交渉が秘密厳守であったため、国会で収集できる交渉内容には限りがあった[9]。しかし、2012年に制定された通商手続法によって、通商条約締結計画の提出や、交渉過程の報告などが政府に義務付けられ、国会は交渉前から交渉過程に関与することができるようになった。つまり、ステージ2では、国会は批准に関してのみならず、FTA政策決定全般に監視し審議できるようになった。後述するが、韓中FTAの場合、通商手続法6条に基づき、交渉前に韓中FTAに関する通商条約締結計画を策定し、国会の産業通商資源委員会に報告した。交渉中にも国会の産業通商資源委員会は定期的に産業通商資源部からの報告を受けた。まとめると、ステージ1でFTA政策決定から実質的に排除された国会の権限が、ステージ2では拡大し政策決定の分権化が進んだと言える。

2　日本のFTA交渉と政治制度：ねじれ国会の影響と政党内の農林部会の役割

「日本型分割政府[10]」とも言われている、日本の国会の二院制という制度によって生じる「ねじれ国会」がFTA交渉に大きな影響を与えた

---

(8)　ユ・ヒョンソク（2008）「통상외교와 국회의 역할（通商外交と国会の役割）」『한국정치외교사논총（韓国政治外交史論叢）』第29集第2号；「대한민국과 미합중국간의 자유무역협정 비준동의안 검토보고서（大韓民国と米合衆国間の自由貿易協定の批准同意案の検討報告書）」国会外交通商統一委員会（2008.11）。

(9)　統一外交通商委員会（2006）『회의록（会議録）・2006年第260回第6次、2006年7月7日』。

という証拠はない。参議院で与党が過半数議席を獲得できなかったことを意味する日本の「ねじれ国会」では一般的には消費税増税などの法案成立への協議が難航したりすることもあるが、条約の承認に関しては参議院に対する衆議院の優越が定められているため[11]、FTAの批准に対して「ねじれ国会」は障害とならない。実際に、「ねじれ国会」であった2007年7月から2009年8月、2010年7月から2013年7月の間に署名されたすべてのFTAはもちろん、2000年以降に署名されたすべてのFTAにおいて国会審議期間が6カ月を超えたことは一度もなく、署名が行われてから国会の承認までの期間も1年以上かかったことはなかった[12]。

　日本のFTA政策に関して韓国の委員会と同じ役割を果たすのは、自民党の政務調査会や、民主党の政策調査会のような党内の政策調整機関である[13]。特に、自民党の農林部会や、農林水産物貿易調査会などで農産物の開放をめぐって審議が行われるが、その際に与党の「事前審査制度[14]」がFTA政策に影響を与えた[15]。例えば、日本・シンガポールEPAの場合、交渉期間中に自民党の農林水産貿易調査会で農産物分

---

(10)　竹中（2005）が詳しい。竹中治賢（2005）「『日本型分割政府』と参議院の役割」日本政治学会（編）『年報政治学二〇〇四』岩波書店。

(11)　日本国憲法第61条は「衆参で議決が異なる時に開く両院協議会で成案が得られない場合、または衆議院議決案の受領後30日以内に参議院が議決しない場合、衆議院の議決が国会の議決となる」と規定している。

(12)　「我が国の経済連携（EPA）の取り組み」、発効済みEPAの署名・発行状況（http://www.mofa.go.jp/mofaj/files/000037892.pdf）。

(13)　本論文では議論を簡略化するために自民党政権の政務調査会や農林部会を例として挙げているが、民主党政権（2009年9月〜2012年12月）でも自民党と同じ役割を果たす政策調査会を持っていた（藤末（2013、30頁））。

(14)　「事前審査」とは、各省庁が起草した閣議決定前の法律案を関係する部門会議が審査し、その結果を自民党の政務調査会や、民主党の政策調査会に上げて承認を求めることである。

(15)　三浦秀之（2010）「農産物貿易自由化をめぐる政策意思決定システムの変遷：自民党政権下の変化に注目して」『法政論叢』第47巻第1号、28頁。

第4章　FTA政策に関する制度と政治指導者のリーダーシップの集中と分散

野の開放に対する反発が見られ、農林族の影響が強かったといわれている[16]。このように議員は党内の政策調整機関を通じて FTA 交渉締結前から FTA 政策決定過程に介入することができたが、このような仕組みはステージ1とステージ2を通じて維持された。ところが、日本の場合は、1994年から小選挙区比例代表並立制を採用することにより、FTA 政策決定においても一般議員の自律性が大幅に制限され、一般議員に対する首相の政治的リーダーシップが強化された制度構造になった。一方で、一般議員が首相を中心とする行政府の影響を認識して行動するようになった[17]という側面から見ると、小選挙区制への制度変化により首相のリーダーシップが実際に強化されたともいえる。ステージ1とステージ2での FTA 交渉過程を比較してみると、政党と首相の間で影響力の程度が変化していることが分かる。特に、TPP 参加に関しては、安倍首相が政治的に決断して、党内調整を行ったと言われており[18]、それは政党に対して首相の権限が強化されたからだと言える。しかし、後述するが、このような変化は第2期安倍政権で行われた、交渉制度の転換を含む一連の行政制度改革と関連している。

次節では官僚と大統領／首相の関係性を定義する行政制度と FTA 政策を比較する。特に、FTA 政策上の政府組織と首相または大統領の資源や自律性に焦点を当てて、FTA 政策の行政制度上の違いを検討する。

---

(16)　金（2008）の研究では、日本・シンガポール EPA の政策決定過程で、自民党の農林族などの族議員が利益団体に影響を与える可能性について議論されている。
(17)　待鳥（2012、97-160頁）。
(18)　『産経新聞』2013年3月15日記事。

2　FTA政策上の行政制度とリーダーシップ

1　韓国のFTA政策と行政制度

　韓国のFTA政策の最高決議機関として「対外経済長官会議」がある。対外経済長官会議は、共同研究や交渉開始を決定し、交渉開始後には交渉の経過について報告を受けるなどFTA推進における重要な部署であり、政府の最終的な意思を決定する場でもある。対外経済長官会議を除き、韓国のFTA政策の推進体制は時系列的に変化してきたが、ステージ1でのFTA政策は通商交渉本部の主導下で、「自由貿易協定締結手続き規定（大統領訓令：2004年6月）」に基づいて集権的に推進された。一方、ステージ2でのFTA政策は政権交代後行われた組織改編（「政府組織法」の改正：法律11690号、2013年3月23日公布）によって分権化した構造で推進されている。

　　（1）　ステージ1：「自由貿易協定締結手続き規定」と通商交渉本部
　ステージ1でのFTA政策は「自由貿易協定締結手続き規定（大統領訓令：2004年6月）[19]」に基づいて推進された。この規定の場合は、盧武鉉政権で策定された「同時多発的FTAの推進」という戦略の下で、FTA締結手続きが明確に制度化されたものであった。この規定によって設置された主なFTA推進機構には「自由貿易協定推進委員会：以下、

---

[19]　ステージ1で、「自由貿易協定の締結手続き規定」に直接に影響されていないFTAは韓チリFTAのみである。さらに、「自由貿易協定の締結手続き規定」はFTA締結手続きを明確にしたものであって、韓チリFTAの推進体制もステージ1での他のFTAと同じである。韓国国会図書館（2015）「한중FTA 한눈에보기（韓中FTA 一目で見る）」、74頁。

第4章　FTA政策に関する制度と政治指導者のリーダーシップの集中と分散

FTA推進委員会」がある。FTA推進委員会は、韓国のFTA政策の基本方針及び推進戦略、締結国の選択の妥当性、交渉案、FTA関連国内対策などを審議する制度であったが[20]、2004年に設置されてから2013年に朴槿恵政権が発足するまで運営された。国内政治的に大きな反発があった米韓FTAに関しては、2006年2月の交渉開始から、国内の反発を収めるためにいくつかの機関が設置された。その中で、「韓米FTA締結支援委員会」は米韓FTA交渉の際（2006年8月）に特別に設置されたが、当時遅れていた国内広報や産業対策についての方法を考案するために設置されたものであった[21]。ところが、韓米FTA締結支援委員会は大統領直属のスタッフ組織として、政治指導者がFTA政策決定に関して直属スタッフに依拠することができるような役割を果たし、省庁官僚に対する政治指導者の自律性を増加させた。また、ステージ1での行政府内のFTA政策決定システムを見ると、早い段階でFTA交渉のために制度が設置され強化されたが、国内の対策を立てる制度は米韓FTAの交渉中に初めて設置された。つまり、国内交渉体制は米韓FTAの交渉が政治問題になってからようやく作られるなど、国際交渉に焦点を当ててFTA政策が推進された。

　複数ある組織の中でもステージ1のFTA政策決定過程で最も重要な役割を果たしたのは、金大中政権によって設置された「通商交渉本部（1998年3月3日設置）」であった。通商交渉本部も「自由貿易協定締結手続き規定（大統領訓令：2004年6月）」によって制度機能が強化されたが、この規定により通商交渉本部は対外交渉だけでなくFTA推進全般に強い影響力を発揮するようになった。例えば、前述したように、

---

(20)　「自由貿易協定締結手続き規定（大統領訓令）」第4条。
(21)　2006年7月25日に政府は国務会議（政府の権限に属する重要な政策を審議する機関）で「韓米FTA締結支援委員会」を大統領令で通過させ、2006年8月11日に発足させた。金燦東（2012、306頁）。ところが、米韓FTAの締結後、「韓米FTA締結支援委員会」は「FTA国内対策委員会（2007年5月設置）」に変わり、FTAに関する国内対策を立てる制度として利用された。

2　FTA政策上の行政制度とリーダーシップ

FTAの審議機関として「FTA推進委員会」があるが、「FTA推進委員会」の委員長を通商交渉本部長が務め、関係省庁の1級公務員[22]を委員とする委員会が設置される。すなわち、通商交渉本部は交渉の各段階で強い影響力を行使したといえよう。後述するが、例えば米韓FTAは当時の通商交渉本部長であった金鉉宗が盧武鉉大統領に提案し、大統領の支持で推進されたと言われているほど[23]、FTA政策で通商交渉本部の示す影響力は大きい。韓国の通商交渉本部は、1998年3月に実施された政府組織改編によって、当時の外務部が外交通商部に改編された時に、対外通商交渉担当組織として設立された。通商交渉本部は、対外通商交渉を担当する機関として、企画財政部、農林水産食品部、知識経済部などの国内の通商関係の省庁の意見を総括して調整し、これを基にして韓国を代表して外国との通商交渉を進める機関である。

通商交渉本部は、閣僚級の政務職である通商交渉本部長の下に、次官級の通商交渉調整官、自由貿易協定（FTA）交渉代表、「ドーハ・ラウンド」交渉代表がおり、実務部署として5局17課がある。特に2004年10月の外交通商部職制改編によって同部通商交渉本部傘下に4課33人体制の自由貿易協定局（FTA局）が新設されてから、通商交渉本部におけるFTA推進に向けた体制も大幅に強化された。つまり、外交通商部とは独立した機関として、通商交渉本部の機能を強化することで、大統領は官僚の影響力を制御することが可能になった。一般的な本部長が次官級であるのに対して、通商交渉本部の本部長は長官職にあたる政務職であって、大統領の直接の影響下に置かれている。特に、通商交渉本部の本部長は大統領が任命する政務職であるが、他の政務職とは違って、人事聴聞会の対象に含まれていないため、国会の了承なしで大統領の人事権が発動できる[24]。今までの5人の本部長の中では政治家（第1代）、弁護士（第3代）、大学の教授（第5代で、現職）も任命されてきた。例

---

(22)　韓国では日本と違い、一級公務員が最上位の階級である。
(23)　『毎日経済新聞』2006年2月6日記事。

えば、米韓FTA交渉を指揮した当時の金鉉宗通商本部長はWTOで首席弁護士を務めた時に、当時の盧武鉉大統領に世界通商問題について説明したことがきっかけになって、通商交渉本部長になったという[25]。また、官僚出身であっても一般的に韓国では出身省庁よりは大統領に対して忠誠心を持っているとされる[26]。それ以外にもFTA国内対策議員会などの大統領直属委員会を通じ、韓国の大統領はFTA政策を制御できるようになった。

(2) ステージ2:「政府組織法」の改正と通商組織の縮小

2013年2月の朴槿恵政権の発足と共に、行政府には一連の組織改編が行われた。特に、ステージ2でのFTA政策は政権交代後に公表された「政府組織法」の改正によって、制度変化が表れた。まず、この法律に基づいて、「FTA推進委員会」が「通商推進委員会[27]」に変更された。通商推進委員会は、既存のFTA推進委員会が審議した内容に追加して、通商手続法で定められた内容を審議する[28]。つまり、国会の制定した通商手続法を反映するために、FTAの審議機関が変化したといえる。また、「政府組織法」の改正によって、外交部の通商交渉本部が知識経済部と合併され産業通商資源部に属されることになった。産業通商資源

---

(24) 2012年の時点で野党であった民主党は、通商交渉本部長を対象に含む法律改正案を発議した(『京郷新聞』2012年8月29日記事)。
(25) 『東亜日報』2011年11月28日記事。
(26) 安周永(2011)「発展指向型国家の多様性と財政の相違(Ⅱ)——日韓における財政赤字の政治過程」法学論叢第169巻4号69-92頁。
(27) 「通商推進委員会の設置及び運営などに関する規定:大統領訓令、2013年9月24日施行」。
(28) 「通商推進委員会の設置及び運営などに関する規定」第3条(通商推進委員会の設置)。
　　　6項「通商条約締結手続き及び移行に関する法律」第6条に従う通商条約締結計画の樹立
　　　7項　通商条約の移行と関連する基本方向及び推進戦略

部が通商機能を持つことにより、対外交渉と対内交渉を一元化する試みであった。しかし、それにより、対外交渉を担当する組織が縮小され権限は狭まった。産業通商資源部は産業に関する業務を担当する第一次官傘下の部署と対外通商に関する業務を担当する第二次官傘下の部署に分けられる。ステージ1で通商交渉本部が担当していた機能を産業通商資源部の第二次官傘下の部署と担当することになった[29]。その中でも、通商交渉に関しては通商交渉室が担当し、通商交渉室長が交渉全般も関わる仕組みとなった。つまり、ステージ1の長官級の通商交渉本部から、事実上次官補級の官僚が担当する室である局レベルの組織に縮小された。例えば、韓中FTAの場合でも、最後の第14回交渉を除き、最初からウ・テヒ通商交渉室長が首席代表として参加した。つまり、ステージ2でのFTAはステージ1と違い、交渉団体の組織規模は縮小され、大統領の直属スタッフではなく官僚が主導してFTA交渉が進められた。また、産業通商資源部の中でも通商組織は、他の組織に比べて規模が小さく、その上、公務員の「循環補職制度[30]」に縛られて通商専門家が育成できないようになっていた[31]。そして、FTA交渉は産業通商資源部が行うことになったが、署名後に批准同意案の提出は外交部によって行われるなど、FTA政策においての省庁間の協調が重要になってきた。こうした状況の中、通商機能を移転させられた外交部[32]と産業通商資源部の間の協調がうまく行われないことが、李（2013）の研究で確認されている[33]。朴槿恵大統領の罷免以降、新しく政権に就いた文在寅政

---

(29) 「産業通商資源部とその所属機関の職制（大統領令第24442号、2013年3月23日制定）」。
(30) 「循環補職制度」というのは、2年ごとに担当部署が変わることを言うが、特定の専門家より「管理職の多能人化」を目指すものである。
(31) 「聯合ニュース」2017年5月28日記事。
(32) 通商交渉機能を産業通商資源部に移転するという組織改編案が出たときに、当時の金・ソンハン外交通商部長官は反対の意を表したという（『亜細亜経済』2013年2月25日記事）。

第4章　FTA 政策に関する制度と政治指導者のリーダーシップの集中と分散

権でも分権的な交渉制度は維持された。2017年6月5日に発表された組織改編案では、産業通商資源部の中に、次官級の「通商交渉本部」が設立されることが決められたが、通商組織はそのまま産業部分を担当する省庁内に残すことになった。まとめると、ステージ2のFTA交渉体制は、国会の通商手続法を反映し、利益団体との対内交渉を共に考慮しながら交渉を行う形に変化した。そして、ステージ1では通商交渉本部の独断的な決断ができる制度構造を持っていたのに対して、ステージ2では省庁間の協調がさらに重要になり、分権的な交渉体制が形成された。

2　日本の FTA 交渉と行政制度

一般的に議院内閣制では首相や大臣に直属するスタッフは、大統領制の国と比べて比較的小規模であるが[34]、日本における自民党政権のFTA政策に関わる首相直属スタッフ組織としては「経済財政諮問会議」が挙げられる[35]。経済財政諮問会議は内閣府設置法（平成11年法律第89号）に基づいた組織であるが、「内閣の重要政策に関して行政各部の施策の統一を図るために必要となる企画及び立案並びに総合調整に資するため、内閣総理大臣をその長とし、関係大臣及び学識経験を有する者等の合議により処理することが適当な事務をつかさどらせるための機関」として設置された。経済財政諮問会議は、首相を議長とし、議員は内閣官房長官、経済財政政策担当大臣、各省大臣の中から首相が指定する者、関係機関の長の内から首相が任命する者、経済財政政策についての知識が優れた者から首相が任命する者が充てられる。経済財政諮問会議は、調査審議機関として、経済全般の運営や政策の基本方針を決める

---

(33)　李ゼホ (2013)『대중국 정책의 범정부 협력네트워크 강화방안（中国政策の汎政府の協力ネットの強化方案)』対外経済政策研究院。
(34)　待鳥 (2012、77頁)。
(35)　経済財政諮問会議は廃止されたことはないものの、2009年の民主党政権の発足と共に、開催されなくなり、「国家戦略室」に変わったが、本研究では「国家戦略室」に関する議論は扱わない。

が[36]、各省庁がこの方針から逸脱することは困難であるため、制度面での首相の権限を強化したと考えられている[37]。経済財政諮問会議を除き、日本のFTA政策の推進体制は時系列的に変化してきたが、ステージ1でのFTA政策は「官僚内閣制」ともいわれる日本の特徴に影響され、外務省、財務省、農林水産省、経済産業省の4省による分権的な交渉制度によって推進された。一方、ステージ2でのFTA政策は、事務次官会議が事実上廃止され政治主導が可能になった状況の中で、集権的なTPP交渉制度によって推進されている。

（1）　ステージ1：官僚内閣制と4省による分権的な交渉制度

ステージ1でのFTAの政策決定過程には「官僚内閣制」とも言われる特徴が表れた。そのため、FTAに関する政策決定が集団主義の下で行われたために[38]、省庁間のセクショナリズムが強く反映され[39]、FTA政策において首相がリーダーシップを発揮できない構造になって

---

(36) 内閣府設置法に定められた、経済財政諮問会議の事務は次の通りである。
第十九条 経済財政諮問会議（以下この目において「会議」という。）は、次に掲げる事務をつかさどる。
一　内閣総理大臣の諮問に応じて経済全般の運営の基本方針、財政運営の基本、予算編成の基本方針その他の経済財政政策（第四条第一項第一号から第三号までに掲げる事項について講じられる政策をいう。以下同じ。）に関する重要事項について調査審議すること。
二　内閣総理大臣又は関係各大臣の諮問に応じて国土形成計画法（昭和二十五年法律第二百五号）第六条第二項に規定する全国計画その他の経済財政政策に関連する重要事項について、経済全般の見地から政府の一貫性及び整合性を確保するため調査審議すること。
三　前二号に規定する重要事項に関し、それぞれ当該各号に規定する大臣に意見を述べること。
(37) 竹中治堅（2006）『首相支配』中公新書。
(38) 高瀬保（2003）『WTO（世界貿易機関）とFTA（自由貿易協定）：日本の制度上の問題点』東進堂、14-15頁。
(39) 真渕勝（2009、575-579頁）。

いた。特に、官僚支配の象徴とも言われている事務次官会議は首相を中心とする内閣の調整機能を低下させたと言われている[40]。閣議の前日に開かれる事務次官会議で、調整がつかなかった案件は閣議にかけられなくなり、政治決定に上がらなくなる。つまり、官僚の反対がなかった案件だけが閣議の議題とされる慣行によって、行政府全体の調整の場として閣議が機能できなくなり、首相を中心とする内閣の影響力を低下させたと言われている。その他、1995年の行政改革以降も依然として全会一致制によって閣議が決定されるのも[41]、FTAに関する決定で首相の調整能力を低下させ、首相がリーダーシップを発揮できないようにする一つの原因になっていた。

実際の交渉の場面でも、分権的な仕組みが表面化することが多かった。日本の場合は外務省、財務省、農林水産省、経済産業省がすべてFTA交渉に参加するため、各省庁の間の調整が重要になる。しかし、前述したように、制度上、内閣の調整機能が働かない状況の中で、省庁間の合意がないと政策調整が困難となる。実際のFTA交渉で、日本は次官級の外務審議官が「首席交渉官」を務め[42]、その下に外務省、財務省、

---

(40) 飯尾潤（2007）『日本の統治構造――官僚内閣制から議院内閣制へ』中央公論新社、30-32頁。実際に「政治主導」を挙げた民主党政権では、事務次官会議の廃止をマニフェストとして出して、官僚に対する内閣のリーダーシップの強化を図った。しかし、2009年に鳩山内閣によって一時廃止されたものの、東日本大震災の後に野田内閣で各府省連絡会議として事実上復活（2011.9.7）した。その後、第2次安倍政権になってから、官僚主導の復活として受け取られることを避けるために、各府省連絡会議の名称を次官連絡会議へ変更したという（『日本経済新聞』2012年12月28日記事）。

(41) 真渕勝（2009）『行政学』有斐閣、79頁。

(42) 場合によっては、特命大使である国際貿易・経済担当大使が「主席交渉官」を務める。待命大使は、その名のとおり待機している特命の全権大使であり、外務公務員法の規定により、その間給与は8割支給、1年後に自動免職となる。但し、特別の必要がある場合には、外務省本省の事務に臨時に従事させることができる制度である。

農林水産省、経済産業省の各省の局次長級が「共同議長」を務めた。共同議長の指揮の下、分野ごとに交渉グループが編成されてFTAが推進された。各グループは、交渉において日本側を代表して発言する交渉官、それを支える担当官から構成される[43]。このような仕組みでは特定の省が反対するとFTAが締結できないのが通常である[44]。

(2) ステージ2：事務次官会議の事実上廃止と集権的なTPP交渉制度

第2次安倍政権の発足と共に、FTA政策決定過程を集権化させる制度変化が見られた。まず、内閣の調整機能を低下させると言われた事務次官会議が、事実上廃止された。民主党政権で廃止された事務次官会議であるが、2011年3月の東日本大震災をきっかけに、国政全般の幅広いテーマを扱う「各府省連絡会議」として定例化した。その後、第2期安倍政権になってから「次官連絡会議」と名前を変えて開かれたが、従来の事務次官会議が担った閣議付議事項の事前審査の機能はなくなった。安倍首相は次官連絡会議の初会合で、「政・官相互の信頼関係に基づく真の政治主導を推進する」と述べた。そして、会合後の記者会見で当時の杉田和博官房副長官は、次官連絡会議は「内閣の基本方針を徹底し、各府省間で情報提供する」と説明した[45]。

次に、FTA政策決定過程においてはステージ1とは違い、集権的な制度が形成された。官邸内にTPP交渉に関する一連の制度が作られたが、民主党政権で作られたTPP交渉体制と同じ仕組みがとられた[46]。まず、首相を中心とする「TPPに関する主要閣僚会議」、「TPP政府対策本部」、「TPP総合対策本部」が官邸内に設立された。TPPに関する

---

[43] 渡邊頼純・外務省経済局EPA交渉チーム（2007、27頁）。
[44] 海老名一郎（2005、88頁）の研究では、このような特徴を全員一致ルールとして捉えている。
[45] 『日本経済新聞』2012年12月28日記事。

第4章　FTA 政策に関する制度と政治指導者のリーダーシップの集中と分散

主要閣僚会議と TPP 政府対策本部は、交渉参加以前の2013年4月5日の閣議決定によるものであり[47]、TPP 総合対策本部は、TPP の大筋合意後の2015年10月9日の閣議決定によるものであった[48]。TPP に関する主要閣僚会議の場合、構成員は、内閣官房長官、経済再生担当大臣[49]、外務大臣、財務大臣、農林水産大臣、経済産業大臣とし、議事進行は、経済再生担当大臣が行うことになった。TPP 大筋合意までの計15回の会議で表れたように、TPP に関する主要閣僚会議は各国の関係閣僚間の TPP 閣僚会合と連動して開催された。そして、TPP 署名後にも、TPP に関する主要閣僚会議は3回[50]開かれ、TPP に関する政府

---

[46] 2011年11月9日に内閣官房内の国家戦略室で「包括的な経済連携に関する基本方針」が閣議決定された。「TPP 交渉参加に向けた関係国との協議に関する体制」を見ると、包括的経済連携に関する閣僚委員会の議長も首相が務めることになっていた。

[47] 「TPP に関する主要閣僚会議等の設置について」(平成25年4月5日閣議決定)。

[48] 「TPP(環太平洋パートナーシップ)総合対策本部の設置について」(平成27年10月9日閣議決定)(http://www.cas.go.jp/jp/tpp/pdf/2015/11/151009_tpp_kakugi.pdf)。

[49] 「TPP に関する主要閣僚会議等の設置について」(平成25年4月5日閣議決定)および「TPP 政府対策本部の設置に関する規則」(平成25年4月5日内閣総理大臣決定)によって、経済再生担当大臣が TPP 問題を担当し、TPP 特命大臣を務めることになった。

[50] 「TPP に関する主要閣僚会議(第16回)(2016年10月7日)」では、「TPP に関する国内外の情勢について」が議題として挙げられた。この会議では、国内外の情勢を踏まえ、国会での早期の協定承認・整備法案の成立について議論された。そして、「TPP に関する主要閣僚会議(第17回)(2017年1月20日)」では、「TPP 協定の締結および今後の対応等について」が議題として挙げられた。その会議では、TPP 協定の発効に向けて、関係国との連携を強めることと、米国に対しても TPP の戦略的・外交的意義を強く伝える必要性があることなどについて議論された。最後に「TPP に関する主要閣僚会議(第18回)(2017年5月30日)」では、「ハノイでの TPP 閣僚会合の結果報告」が議題として挙げられたが、ハノイで開かれた「TPP 閣僚会合」と連動して開催された。

2　FTA 政策上の行政制度とリーダーシップ

の方針を決める場として活用された。そして、TPP 政府対策本部は TPP 協定交渉に関する方針の企画、立案、そして総合調整を行うために組織された TPP 交渉を推進するための組織であった。本部長は経済再生担当大臣を充て、本部長の下に国内総合調整を担当する国内調整総括官と交渉を担当する首席交渉官を置くことになり、TPP 政府対策本部で対外交渉と対内交渉を同時に行う仕組みになった。また、TPP の大筋合意後には、2015年10月9日に TPP 総合対策本部が内閣に新しく設置されたが[51]、TPP の活用促進などを含む国内政策について議論して決定する場として機能した。構成員は、本部長として内閣総理大臣、副本部長として経済再生担当大臣と内閣官房長官、本部員としては本部長及び副本部長以外の国務大臣とした。また、本部の庶務は、「関係行政機関の協力を得て、内閣官房 TPP 政府対策本部において処理する」ことになり、TPP 政策決定機関としての「TPP 政府対策本部」の機能がそのまま維持された。ところが、TPP 署名以降も、TPP 交渉体制の枠組みがそのまま他の EPA 交渉に影響を及ぼした。特に、日・EU EPA 交渉の場合、「日・EU 経済連携協定交渉に関する主要閣僚会議」と「日・EU 経済連携協定交渉推進タスクフォース」が官邸内に設置されたが[52]、TPP 交渉のために設置された TPP に関する主要閣僚会議や、TPP 政府対策本部とほぼ同じ仕組みをしているのが特徴である。「日・EU 経済連携協定交渉に関する主要閣僚会議」の場合、構成員は、内閣官房長官、経済再生担当大臣、日 EU 経済連携協定交渉に関する相互調整を担当する国務大臣[53]、総務大臣、外務大臣、財務大臣、厚生

---

[51]　「TPP（環太平洋パートナーシップ）総合対策本部の設置について」（平成27年10月9日閣議決定）。

[52]　「日 EU 経済連携協定交渉に関する主要閣僚会議の開催について」（平成28年11月16日閣議決定）。

[53]　日 EU 経済連携協定交渉に関する相互調整を担当する国務大臣として、岸田文雄外務大臣が任命された。「内閣官房長官記者会見」（平成28年11月17日）（http://www.kantei.go.jp/jp/tyoukanpress/201611/17_a.html）。

労働大臣、農林水産大臣、経済産業大臣、国土交通大臣とし、議事進行は、日EU経済連携協定交渉に関する相互調整を担当する国務大臣が行うことになった。この会議では、「日・EU経済連携協定の早期妥結に向けた総合的方針の検討など」を行うために開催されるという目的を明らかにしている。特に、「日EU経済連携協定交渉に関する総合調整を担当する」国務大臣という職を新設したことに表れているように、閣僚会議の総合調整機能の強化が試みられた。そして、「日・EU経済連携協定交渉推進タスクフォース」は日EU交渉について、「関係省庁の緊密な連携を確保し、政府一体になって対応するため」に開催された組織であり[54]、これは「TPP政府対策本部」が果たした役割と同じである。また、この日・EU経済連携協定交渉推進タスクフォースの構成員の中には、主査として内閣官房TPP政府対策本部主席交渉官が含まれるなど、TPP交渉体制との関連性も強く見られる。まとめると、ステージ1では分権的な制度構造を持っていたのに対して、ステージ2では首相を中心とする集権的な交渉体制が形成された。特に、TPPに関する交渉においては、交渉主体組織が内閣官房に形成され、首相の直属スタッフであるTPP担当大臣の権限が強い交渉体制によって進められた。また、TPP以降の重要なEPAに関しても、TPPの集権的な交渉体制は影響を与え、首相を中心とする体制が維持され、強化された。

　次章では、韓国と日本のFTA政策過程に影響を与える制度、即ち両国の「政治制度」と「行政制度」を考慮し、日韓のFTA政策推進体制の類型化を試みる。さらに、日韓の時系列的な制度変化を、制度変化の原因、制度変化をもたらす主体、そして制度変化の過程などを考慮しながら体系的に説明する。

---

(54) 「日EU経済連携協定交渉推進タスクフォースの開催について」(平成28年11月16日日EU経済連携協定交渉に関する主要閣僚会議決定)。

第5章　FTA 政策に関する制度の類型化と制度変化

1　日韓の制度比較と類型化

　制度設計において政治指導者にどのぐらいの裁量を与えるかを選択することは重要である。例えば、Aghion et al（2004）の研究では、政治指導者の権限を基準にして、一度選出されると外部的なコントロールが効かない「絶縁されているリーダー（insulated leader）」と、多様な拒否権者に直面し立法的な行動が頻繁に阻止される「絶縁されていないリーダ（noninsulated leader）」に分けている[1]。本研究でも同じ認識の下で、FTA 政策に関する制度を、両国の政治指導者（大統領/首相）を中心として権限が集中された時には集権、一般議員または官僚にも一定の権限が認められる時には分権として示した。なお、本研究では政治制度と行政制度を連動的に考慮する。これは、政治制度と行政制度は互いに影響しあいながら、集権的または分権的な FTA 政策推進体制を形成し、それが政治指導者のリーダーシップに影響を与えるためである。そ

（1）　Aghion, Philippe, Alberto Alesina, and Francesco Trebbi（2004）, "Endogenous Political Institutions," *Quarterly Journal of Economics*, 119（2）, pp. 565-611.

第 5 章　FTA 政策に関する制度の類型化と制度変化

表 5-1　韓国と日本の FTA 政策推進体制の類型

	FTA 政策推進体制	
	韓国	日本
ステージ 1 (2000-2012)	集権的[*1]	分権的
ステージ 2 (2013年以降)	分権的	集権的

(筆者作成)

(注)　＊1　ただし、ステージ 1 の韓国の FTA の中で、韓チリ FTA は除く。後述するが、韓チリ FTA の場合、交渉期間としてはステージ 1 に入る。しかし、通商交渉本部が「自由貿易協定締結手続き規定（大統領訓令：2004年 6月）」によって強化される前に行われたため、交渉制度が機能していなかった。そのため、ステージ 1 の他の FTA とは違い、韓チリ FTA の FTA 政策推進体制は依然として分権的であった。

の過程で、政治指導者に権限が集中されるときを集権であると指摘したが、分権の場合は、政治指導者に権限が集中されていない全ての場合を含む。例えば、一般議員と官僚両方とも権限を持つ場合や、一般議員もしくは官僚一方だけが権限を持つ場合などが含まれ、分権的な制度体制の方には多くのバリエーションがあると考えられる。しかし、本研究の分析の焦点は政治指導者のリーダーシップ構造の集権性・分権性に置かれるため、分権的な制度の多様性については本研究の議論から除外する。また、ステージ 2 の制度体制が集権的か分権的かの判断は、ステージ 1における制度体制を基準とした。

　韓国と日本の FTA 政策に関する時系列的な制度変化を踏まえ、ステージごとに両国の FTA 政策推進体制の特徴をまとめたのが、**表 5 -1** である。韓国の場合、ステージ 1 での大統領を中心とした集権的な FTA 政策推進体制が、ステージ 2 では分権化された。通商手続法の制定により、ステージ 2 では FTA 交渉過程に関する国会の監視機能が向

上した。さらに、行政府の組織改編によって、ステージ2では省庁間の協調が必要となる分権的な体制に変わった。つまり、ステージ2では、政治制度と行政制度の双方に変化があり、FTA政策推進体制が分権化される結果をもたらした。一方、日本の場合、ステージ1での農水省や自民党の農林部会の影響力が強かった分権的なFTA政策推進体制が、ステージ2では集権化された。一般的な側面で首相のリーダーシップが強化された状況の中でも、ステージ1では分権的な交渉体制下で農水省と自民党の農林部会の影響力が大きいFTA政策推進体制を持っていた。しかし、ステージ2では首相と直属スタッフを中心とする交渉制度が形成され、それにより農水省と自民党の農林部会の影響力がコントロールされたため、FTA政策推進体制が集権化された。

次節では、日韓の制度変化を照らし合わせながら、制度変化の原因、制度変化をもたらした主体、制度変化の過程に関する枠組みを提示する。

2　制度変化の原因、主体、そして、過程

1　FTA政策での制度変化の原因：公平性と効率性の間のバランス模索

韓国と日本のFTA政策に関する制度を総合的に考察してみると、ステージ1での韓国の集権的な制度がステージ2では分権的に、ステージ1での日本の分権的な制度がステージ2では集権的に変化したことが分かる。このような両国の制度変容は両国の政治経済的な状況が変化要因になっていると考えられる。韓国の場合、FTA政策推進において効率性を追求したため、手続き上の正当性・透明性などの問題が生じ、制度変化したと考えられる。日本の場合、積極的なFTA推進を表明したにも関わらず、FTA推進が停滞していた状況の中で、政策推進の効率性を増加させるために制度が変化したと考えられる。このように、2000年

第 5 章　FTA 政策に関する制度の類型化と制度変化

から2017年まで、日韓の FTA 政策に関する制度構造の変化には、逆の傾向が表れていたことが分かる。本研究では、両国の制度変化の動きを FTA 政策の推進においての公平性と効率性の間のバランスの模索という点で捉える。特に、制度変化の原因である公平性と効率性は、互いに異質な特徴を持ち、制度変化において逆の方向性を導くと思われる。FTA 政策決定過程で公平性を追求するようになる場合、民主的な正統性や透明性の確保などを通じて、より多くの参加者が情報を共有し政策に参加することが求められる。一方、FTA 政策決定過程で効率性を追求するようになる場合、政策決定過程での迅速さなどが重要になり、比較的に集中した体制をもって政策が推進される。

　両国の FTA 制度変化を公平性と効率性の間のバランスの模索という点について詳しく説明すると次のようになる。韓国の場合、2012年に制定された通商手続法によって国会の交渉への介入が可能になり、2013年2月の朴政権の発足とそれに伴った政府組織法の改正によって交渉体制が分権的に変わった。これらの制度変化には、それまでに交渉体制において公平性が欠如していたことが影響した。特に、米韓 FTA 交渉過程で正当性と透明性の欠如が認識されたことが制度変化に最も影響を与えた。そこでは、国会も関連省庁も交渉過程で除外され、通商交渉本部が独断で行動したことに対して不満が募り、批判の声が多くあった[2]。その反面、ステージ 1 では効率的な FTA 政策推進がある程度可能だったという認識があった。2012年12月31日基準で、韓国は、すでに45カ国との FTA 協定を発効させ、FTA の効果を享受していた状況であった。また、韓国と FTA を締結していなかった国にとっては韓国が構築した「FTA ネットワーク」に参入するのが急務となり、カナダ、豪州、ニュージーランド、メキシコなどはマスコミを通じ、「韓国は交渉に積極的に取り組むべき」と訴えるほどの状況であった[3]。つまり、ス

（2）『朝鮮日報』2006年 7 月12日記事。

テージ2での制度変化は、ステージ1で公平性の欠如が問題になった一方で、ステージ1では比較的効率的なFTA政策が推進できたという認識に基づいていたと言える。このような状況を総合的に考えてみると、ステージ1での韓国のFTA政策推進においては公平性は足りなかったが効率性はある程度担保できていたという認識から、ステージ2では公平性をより重視する形で制度変化したと考えられる。

日本の場合、官邸内にFTA交渉組織が作られることによって交渉制度が集権的なものへと変わったが、この制度改革は、第2次安倍政権への交代後にTPP交渉の効率的な推進を目的として行われた。特に、日本の国内経済の活性化や安全保障面を考えて安倍首相がTPP参加を決断し[4]、速やかにTPP交渉に取り組むためにTPP関連交渉組織が構築された。ところが、FTA政策決定制度の制度変化をもたらす原因を考える際に、民主党政権で作られた集権的なTPP関連交渉制度について考慮する必要がある。実際に、制度の有効性という側面からすると、民主党政権で作られたTPP関連交渉制度によって交渉組織が集権的になったとは言えない。しかし、首相がFTA政策推進においての効率性の増加という動きに影響されて、集権的なTPP関連交渉制度を形成しようとした点で、第2次安倍政権での制度変化をもたらした原因は、民主党政権の制度変化にも同じように影響を与えたと思われる。

2　FTA政策での制度変化の主体

第3章第1節で前述したように、FTA政策の場合、貿易交渉と関連した一連の政策過程が重要であり、交渉過程をどこでコントロールする

（3）　たとえば、豪州の場合、韓国は豪州において日本と米国に続く3番目に大きな牛肉輸入国であるが、米韓FTAの締結で、2012年から40％であった米国産牛肉の関税が毎年2.66％ずつ15年の間に段階的に撤廃されることになっていた。このような状況で豪州は韓国に積極的FTA交渉を要求したという（『韓国ニュース』2012年11月27日記事）。

（4）　安倍首相のTPP参加表明の発言にTPP参加決断の理由がよく表れている。

第 5 章　FTA 政策に関する制度の類型化と制度変化

のか、関連するアクターがいつ、どの部分まで介入できるのか、などがFTA 政策を規定する。この過程で一般議員は国会で法律を制定または改正することによって交渉過程に影響を与えることができるが、交渉制度の仕組みによってはそのような介入も限定的にしか影響を及ぼさない場合もあり、交渉制度の形態がより重要である。つまり、交渉制度は、官僚をコントロールするだけではなく、官僚に対して政治指導者と議員が持つ相対的な影響力を決める。つまり、交渉制度の変化が FTA 政策での制度変化において最も重要であると言えるが、同制度の変化を主導するアクターは政治指導者である。政治指導者は憲法により与えられた権限に依拠しながら、行政命令や政府組織法の制定を中心として、さらに内閣としての決定を行うことによって制度を改革する。例えば、韓国と日本の場合、憲法に通商条約締結に関して、大統領と首相の優位が定められている。韓国の場合、通商交渉においては、韓国憲法によって大統領に国家代表権（憲法第66条第1項）と条約締結権（憲法第73条）が付与されており、それによって大統領は韓国を代表して条約を締結する権限を持つ[5]。また、日本の場合も、通商交渉においては、日本国憲法によって内閣に条約締結権（憲法第73条第3項）が付与されており、それによって内閣は日本を代表して条約を締結する権限を持つ[6]。その上、日本において行政権の属する内閣の首長である国務大臣として（憲法第66条第1項）、首相は条約締結に関して権限を持つ。

　ところが、米国の場合、交渉制度の変化に関しては、連邦議会が強い影響力を及ぼしてきた。現在、米国の通商交を担う組織は、アメリカ合衆国通商代表部（U. S. Trade Representative：以下、米国通商代表部）であるが、米国通商代表部の場合、議会が1962年通商拡大法（Trade

---

(5)　第3章第2節に前述した。
(6)　第73条：内閣は、他の一般行事事務の外、左の事務を行う。
　　　　第3項：条約を締結すること。ただし、事前に時宜によっては事後に、国家の承認を経ることを必要とする。

Expansion Act of 1962）を制定して貿易交渉のための特別代表部の設立を大統領に要請したことが、同代表部の起源である。その後も、議会が法律を制定し、通商交渉組織の機能強化を主導してきた[7]。つまり、米国貿易代表部は大統領直属の交渉組織でありながら、議会の決定によって設立され、また変化してきたと言える。しかし、民主主義国家では、議会が立法部として法律を形成し政府が行政府として政策を執行する役割を果たすのが、一般的な仕組みである。その過程で行政府は政策執行のための組織を形成する。しかし、米国の場合、政府の政策領域の中で通商政策に関しては、議会の優位が明白に定められていると解釈され[8]、米国通商政策の主な特徴として、議会による貿易協定の締結が挙げられている[9]。このような通商政策での議会の優位から、交渉組織の形成に議会が介入することが可能になったとも思われるが、その権限は米国合衆国憲法第1章第8条第3項に基づく[10]。つまり、憲法を根拠にして、米国の議会は立法権限として諸外国との通商を規制する権限があるため、対外交渉を行なうのは大統領であるにもかかわらず、通商の場合、原則的に議会が条約締結の当事者になる[11]。これを、経済

---

(7) 1974年通商法141条（Section 141 of the Trade Act of 1974）、1984年通商関税法（The Trade and Tariff Act of 1984）、1988年包括通商競争力法1601条（Section 1601 of the Omnibus Trade and Competitiveness Act of 1988）、1994年ウルグアイ・ラウンド協定法（The Uruguay Round Agreement Act）、2000年通商発展法（The Trade and Development Act of 2000）などの制定を通じて、議会は通商組織の機能を強化してきた（「History of United States Trade Representative」（U. S. Trade Representative のウェブサイト）（https://ustr.gov/about-us/history））。

(8) Destler, I. M. (1986), *American Trade Politics : System under Stress*, the Twenty Century Fund, pp.18-19.

(9) 富田晃正（2016）「米国通商政策における利益団体と制度の交錯──貿易交渉権限を巡る議会と大統の攻防」『国際政治』第184号、74頁。

(10) 米国合衆国憲法第1章第8条第3項では、議会は「諸外国との通商、各州間の通商およびインディアン部族との通商を規制する権限」を持つと規定されている。

学者ダグラス C. ノース（Douglass C. North）の理論に換言して説明してみると[12]、交渉制度の形成および変化において、日韓の場合には政治指導者が交渉力を持ち、米国の場合には議員が交渉力を持つともいえる。ところが、前述したように、この仕組みを決めるのは、憲法である。つまり、法制度の解釈によって、FTA 政策を主導する政策決定者が決まり、そのアクターが FTA 政策をめぐる制度変化の主体となる。

3　FTA 政策での制度変化の過程

本研究は、前述した制度変化の原因及び主体を踏まえながら第二部以降で事例分析を行い、FTA 政策をめぐる制度変化の過程を詳細に説明可能な分析枠組みを提示することを目指す。まず、韓国と日本の FTA 政策を時系列的に比較し、FTA 政策に関する制度が形成また強化された過程を説明する。その中で、公平性または効率性をめぐる問題が生じ、それを認識した政治指導者がいかにこうした問題に対処したのか、その過程を明らかにする。

韓国の場合、ステージ 1 以前に分権的だった韓国の交渉制度は、ステージ 1 になると集権的に変わり、制度機能も強化された。このことは、本研究の分析期間の以前にも制度変化が起こったことを示しているが、この制度変化の背景には政策推進においての効率性の追求があった。ステージ 1 の前の韓国の交渉制度は明らかに分権的であった。特に、1998年通商交渉本部が設立される前までに行われたウルグアイ・ラウンドの

---

(11)　滝井光夫（2007）「大統領の通商交渉権限と連邦議会」『季刊国際貿易と投資』No.69、34頁。

(12)　ダグラス C. ノース（Douglass C. North）によると、制度変化を主導するアクターを交渉力を持つ人々もしくは組織であると規定しているが、制度変化で重要なのは、そのアクターの交渉力である。それゆえ、フォーマルなルールを改めることが交渉力を持つ人々の利益になるときにのみ、フォーマルな制度的枠組みの大きな変化があるが、その時にも漸進的に変化すると主張した（North（1990、68頁））。

2 制度変化の原因、主体、そして、過程

交渉過程を見ると、体系的な交渉体制はなく交渉ごとに主席代表が変わり、分権的な交渉体制が見られた。例えば、1986年9月20日のプンタ・デル・エステ（Punta del Estel）宣言の時には、政府代表団の主席代表として羅雄培（ナ・ウンベ）商工部長官が任命されたが、1988年12月のモントリオール中間レビュー閣僚会議では、主席代表として李相玉（イ・サンオク）ジュネーブ大使が任命された。また、1990年12月に開かれたブリュッセル閣僚会議では、朴弼秀（バク・ピルス）商工部長官と曹京植（ジョ・キョンシク）農水産部長官が共同に首席代表として参加した。その後、1993年7月から1993年12月の間では、許信行（ホ・シンヘン）農水産部長官が政府代表として交渉過程を率い、二国間で行われた会談も許長官が主導した[13]。ところが、金大中大統領政権の発足とともに、「政府組織法（法律第5529号、1998年2月28日改正）」の改正が行われ、それによって通商交渉本部が新設された[14]。通商交渉本部の設置理由は「通商行政体制を一元化するため」[15]であるが、分権的な交渉体制によるWTO交渉の停滞がその設置理由として指摘された。つまり、分権的な交渉体制の下で、交渉が効率的に推進できなかったという点が考慮され、集権的な交渉組織が設置されるように制度を変更した。しかし、ステージ1で集権的な交渉体制が実際に機能するためには、

---

(13) マイケル・ミッキー・カンター（Michael Mickey Kantor）米通商代表部代表との会談（1993年12月7日）をはじめ、豪州通商長官との会談（1993年12月9日）、ニュージーランド通商長官との会談（1993年12月11日）には、政府代表として許農林水産部長官が参加した（外交通商部（1994）「ウルグアイラウンド交渉内容と結果」、1994年8月、pp. 2-10）。

(14) 通商交渉本部の設置は、次の法律に基づく。
　　政府組織法第29条第2項：外交通商部に通商交渉事務を担当する本部長一人を置く。ただし、政務職にする。

(15) 「制定・改正の理由：政府組織法（法律第5529号、1998年2月28日、全面改正」（http://www.law.go.kr/lsInfoP.do?lsiSeq=58504&lsId=&efYd=19980228&chrClsCd=010202&urlMode=lsEfInfoR&viewCls=lsRvsDocInfoR#0000）。

第5章　FTA 政策に関する制度の類型化と制度変化

組織形態の変化だけではなく、機能特化型組織として機能するための制度強化が必要であったが[16]、それを可能にしたのが「自由貿易協定締結手続き規定（大統領訓令：2004年6月）」であった。この大統領訓令によって、通商交渉本部の組織としての専門性が高まり、人事のまとまりもよくなったが、この制度変化の要因になったのは、韓国の同時多発的なFTA政策推進のために必要な政策効率性の向上の要求であった。

　韓国の制度体制はステージ1からステージ2の間でまた変化することになるが、この制度変化は、様々な批判の声を受け、交渉過程において民主的な正当性を持たせようという試みであった。ステージ1では集権的な交渉制度を基盤にして、韓国がFTA政策を効率的に推進できた反面、民主主義的な観点からFTA政策を見直す必要に迫られていた。特に、米韓FTAで現れた集権的な交渉過程は国内の反発が強まった。米韓FTAは国民に対しての十分な説明がないまま交渉が行われたため、農業団体や市民団体などを中心に国内の強い反対があった[17]。さらに、FTA交渉が国民の合意を得て推進できるために、関連省庁の意見をより反映し、また、行政府に対する国会の監視・調整機能を強化する必要があるという意見も相次いだ[18]。そのような状況の中で、朴政権の発足とともに行われた政府組織法の改正により、ステージ2での交渉制度

---

(16)　特に交渉組織の場合には、集権的な組織であるだけでなく、機能特化型の組織として機能するのが重要である。機能特化型の組織は、単に与えられた状況を検討し基本方針を定めるだけではなく、政策執行、解決、責任に関しての権限も持ち、専門的かつ能動的に政策過程に取り組むという特徴を持つ（曽我謙悟（2013、126頁））。また、交渉組織が機能するためには、組織構造だけではなく、人事のまとまりが重要である（曽我健吾（2013、141頁））。こうした点を考慮すると、韓国の韓チリFTA時の通商交渉本部や、日本の民主党政権期のTPP関連交渉制度は、人事のまとまりや専門性が十分でなく、制度として機能できなかったと考えられる。

(17)　李ヘヨン・鄭インギョ（2008）『한미 FTA, 하나의 협정 엇갈린 진실（韓米FTA、一つの協定とすれ違う真実）』時代の窓、135頁。

(18)　李ヘヨン・鄭インギョ（2008、134頁）。

は分権化した。また、2012年1月17日に制定された通商手続法がステージ2のFTA交渉に適用されるようになり、交渉体制の分権化はさらに進展した。同法によって、通商条約締結計画の提出や、交渉過程の報告などが政府に義務付けられ、国会は交渉前から交渉過程に関与することができるようになった。通商手続法の制定後にも、国会内で通商手続法の改正の動きが見られ、交渉過程での国会の監視機能をさらに一層強化することが図られた。例えば、2014年4月10日に当時の産業通商資源委員長の姜昌一(ガン・チャンイル、当時、「新政治民主連合」所属)議員が代表として「通商条約の締結手続と履行に関する法律の一部改正案」を提出したが、これは、政府が国会に通商交渉の批准同意案を要請するときに、経済的妥当性に対する資料の提出も義務化しようとするものであった。この法案は、現行通商手続法では国会で通商条約締結の経済的妥当性の検討が行われず、通商条約の決定に対して国会の監視システムが有効に機能していないという認識から提出された[19]。また、魏聖坤(ウィ・ソンゴン、「共に民主党」所属)議員は、通商交渉・通商条約に関する報告や書類の提出が要求できる国会常任委員会(現在、外交統一委員会・産業通商資源委員会)の中で、「農林畜産食品海洋水産委員会」を追加することを目的とした、通商手続法の改正案を2017年2月に国会に提出した[20]。このような分権的な交渉体制は、朴槿恵大統領の罷免以降、新しく政権に就いた文在寅政権でも維持された。2017年6月5日に発表された文政府の組織改編案では、産業通商資源部の中に、次官級の「通商交渉本部」が設立されることが決まった[21]。しかし、ステージ1の通商交渉本部とは違い、機能特化型組織として機能していなかった。

---

(19) 『アジア・トゥデイ』2014年4月10日記事。
(20) 『韓国農漁業新聞』2017年3月2日記事。
(21) 与党である「共に民主党」と政府は、党政協議を通じて組織改編案を確定したが、これに基づき2017年6月の臨時国会で政府組織法の改定案を提出するつもりであるという(「政府組織改編に関する党政協議の結果」(行政自治部、2017年6月5日))。

第 5 章　FTA 政策に関する制度の類型化と制度変化

また、このような組織改編案は、既存の期待とはかなり違うものであった。ところが、文政権の発足の前から、国際政治での変化が見られた。特に、米国のドナルド・トランプ（Donald Trump）大統領の就任とそれに伴う貿易政策の変更があった。トランプ大統領は、当選前から、TPP 脱退を含め、米国が締結したすべての FTA について再交渉することを公約として掲げており、2017年4月29日には、トランプ大統領は米国が結んだ FTA を調査するという内容を含んだ行政命令に署名した。このような米国の動きは、米韓 FTA の再交渉にも影響を与えると思われる。そうした中で文大統領は、大統領候補であった時期から、通商部門の強化と外交部への移行を強く要請し、それを公約の一つとして掲げていた。例えば、2017年4月27日に行われた韓国放送記者クラブの討論会では、「通商部門を外交部から産業通商資源部に移したのは、間違った決定である」[22]と述べるなど、通商組織の強化を主張していた。また、韓国の大統領職業務引き継ぎ委員会の役割をする「国政企画諮問委員会」が2017年5月22日に発足したが、2017年5月24日に行われた国政企画諮問委員会の省庁別業務報告の初日には、「通商交渉本部」の復活を公式化するなど、ステージ1の集権的な交渉制度がまた復活するという見込みが広がった[23]。しかし、結果は予想と違い、文政権の政府組織改編案では、国政の安定のために、通商部門を産業通商資源部に残すことが決まった。

　日本の場合、ステージ1の分権的な交渉制度が、政策推進における効率性を考慮して、ステージ2で集権的に変わり、より強化されている。韓国の制度変化と比較すると、日本においてこうした制度変化及び制度強化が生じたことの背景にあるのは、一貫して FTA 政策推進のための効率性の追求である。日本の場合、ステージ1では、分権的な交渉組織を基盤にして、直接的には自民党や官僚の意見、間接的には農業団体な

---

(22) 『聯合ニュース』2017年5月28日記事。
(23) 『毎日経済』2017年5月24日記事。

どの意見を踏まえてFTA政策が策定された。しかし、ステージ１の時期から、国際的に激しくなったFTA競争の中で、日本が関与したFTA協定の締結が遅れ、日本政府のFTA政策が内向きであるという批判が強くなった。さらに、国内の少子高齢化や、デフレが続き、貿易赤字も拡大していた状況の中で[24]、FTA政策のそのような状況を打開するための決断に迫られていた[25]。このような日本の国内政治経済の状況を踏まえ、ステージ１での分権的なFTA交渉組織がステージ２で集権的に変化した。前述したように、交渉組織の集権化を試みる動きはステージ１の民主党政権でもあったが、ステージ２のTPP関連交渉組織は民主党政権で作られた組織と類似する点があった。第２次安倍政権は民主党政権の交渉制度から学習したことによって、より有効に機能する交渉制度を形成することが可能になり、実際にステージ２のTPP関連交渉組織は機能特化型組織として機能した。また、TPPの集権的な交渉組織は、TPP以降の重要なEPAにも影響を与え、日本のFTA交渉組織は首相を中心とする体制が維持されてより強化された。

　第二部では、事例研究を通じて、韓国と日本のFTA政策決定過程での制度の違い、特に、FTA政策決定制度の違いが両国の政治指導者

---

[24]　日本貿易振興機構（ジェトロ）（2013）『ジェトロ世界貿易投資報告』日本貿易振興機構、15頁。

[25]　このような状況に対する認識は、安倍首相のTPP参加表明の発言によく表れている。首相はTPP参加を表明する会見で、次のような発言をした。
「日本は大きな壁にぶつかっています。少子高齢化。長引くデフレ。我が国もいつしか内向き志向が強まってしまったのではないでしょうか。その間に、世界の国々は、海外の成長を取り込むべく、開放経済へとダイナミックに舵を切っています。アメリカと欧州は、お互いの経済連携協定の交渉に向けて動き出しました。韓国もアメリカやEUと自由貿易協定を結ぶなど、アジアの新興国も次々と開放経済へと転換をしています。日本だけが内向きになってしまったら、成長の可能性もありません。」（「安倍内閣総理大臣記者会見」（平成25年３月15日）(http://www.kantei.go.jp/jp/96_abe/statement/2013/0315kaiken.html)（2017年９月30日確認））。

(韓国は大統領、日本は首相)のリーダーシップに影響を与えるのかを検討する。そして、そのリーダーシップ構造が結果的にFTA政策の推進においての違いをもたらすのかを検討する。特に、交渉相手国との開放度の違いに基づいて韓国と日本のFTA政策を比較する。

　まず、ステージ1では、比較の妥当性を高めるために、両国が共にFTAを締結しているチリとのFTAの事例研究を行う。韓チリFTAは韓国の初めてのFTAであり日チリEPAは日本の4番目のFTAであるため、日韓の初期段階のFTAについて説明できる。加えて、政治指導者の政治的リーダーシップの違いと制度の相互作用を見るために、国内の強い反対に直面して強い政治的リーダーシップが要求された最初のFTAとして、米韓FTAと日豪EPAを事例として検討する。ステージ1の段階で、市場開放度が高い国と両国が同時に締結したFTAも交渉中のFTAもなかったため、韓国の場合は米韓FTAを、日本の場合は2013年以前の日豪EPAを事例研究する。米韓FTAと日豪EPAは、韓国と日本にとって市場開放度の高い国との最初のFTA交渉であったため、妥当な比較であると考える。次にステージ2では、まず、韓豪FTAと第2次安倍政権で交渉が再開された日豪EPAを事例としてとりあげる。両国にとって、豪州とのFTAはステージ2になってからの初めてのFTA交渉であったため、ステージ1からステージ2への移行期の特徴を比較できる。最後に、韓中FTAとTPPの事例研究をするが、政治的に敏感な農産物の大幅な開放が要求されたFTAであったため、ステージ2での制度変化を明らかにするには適切な比較事例である。

第二部

日韓FTA政策の比較事例分析

第6章　市場開放度の低い国とのFTA

1　交渉相手国としてのチリ

　チリは、90年代からの民主的政権下で「開かれた地域主義」という通商原則に基づいて、周辺国及び欧米先進国との経済関係の強化をFTAなどの二国間協定や地域協定という手段で活発に推進していた。チリではFTAの交渉において業界団体と政府が緊密な関係にあり、小規模農家の保護を意図した農産物の保護に対する強力なロビー活動が見られる。特に価格バンド制[1]の対象になっている小麦、小麦粉、食用油、砂糖の4品目はチリにとってセンシティブな品目であり、交渉の対象外にしようとする傾向が強い。また、チリは資源国として工業国である韓国と日本にとって補完的な関係を持つ。例えば、日本にとって、チリは銅、モリブデン鋼等の最大供給国であり、銅を始めとする鉱物資源の安定供給に寄与するという期待があった[2]。

（1）　対象品目の許容価格幅を設定し、最高価格で輸入した場合は差額分を関税額から控除、最低価格以下で輸入した場合は差額を一部関税として賦課するという制度である。

第6章 市場開放度の低い国とのFTA

2　韓チリFTA

1　交渉内容と自由化率

　韓チリFTAの譲許内容を見ると、10年以内における関税撤廃は品目数基準でそれぞれ96％に達するが、韓国側は協定発効と同時に9740品目（87.2％）の関税を撤廃した。チリからの輸入品については、主に銅、メタノール、モリブデン鋼、紙・パルプ製品、豚肉製品などが関税撤廃されるようになり、FTA締結後、新たにワインの輸入障壁が撤廃された[3]。チリへの輸出品については自動車、コンピュータ、携帯電話などの2300品目の関税が直ちに撤廃され、自動車部品、石油化学製品など2100品目の関税は5年で撤廃することとなった。農産品については、チリの場合は価格バンド制を維持している品目については関税削減の対象外となった。韓国の農産品のうち即時関税撤廃になった品目は224品目で全体の16％にすぎず、全体の54.8％にあたる738品目の農産物は5年から16年の猶予が設けられた。ブドウは韓国の農閑期である11月から翌年4月のみ関税撤廃される季節撤廃の対象になり、一定数量の範囲内で関税が削減される関税割当の対象となったものには、牛肉、鶏肉などがある。また、関税撤廃と引き下げについてWTOでの合意形成後に改めて議論することとなったものにニンニク、玉ねぎ、唐辛子、酪農製品などがあり、コメ、リンゴ、ナシなどは除外品目となるなど、韓国のセ

（2）　外務省（2007）「日・チリ経済連携協定の概要」（http://www.mofa.go.jp/mofaj/gaiko/fta/j_chile/pdfs/gaiyo.pdf）。
（3）　北野浩一（2007）「チリ――影響力の大きい部門別業界団体」東茂樹（編）『FTAの政治経済学――アジア・ラテンアメリカ7カ国のFTA交渉』アジア経済研究所、234頁。

ンシティブ品目についてはその多くが回避されている。農産物の残存品目の総数は425品目（29.6％）に上る。農産品での自由化率が相対的に低いのは、韓国とチリにおいて農産品は主要輸出品目ではなく、それぞれセンシティブな品目を持っていることを反映している。

2　交渉過程と交渉推進体制

　韓チリFTAは1999年9月に正式に交渉開始が合意され、韓国は工業製品、チリは天然資源が中心であり、輸出商品構成が補完的であることなどに基づいて推進された[4]。同年12月のサンチャゴにおける第1次交渉を皮切りに正式な交渉が始められたが、先述したように、2000年12月のソウルでの第4次交渉の後、交渉は一旦中断された。しかし、2001年10月には韓国通商交渉本部長とチリ外相との会談で交渉の再開に合意し、第5次交渉が2002年8月にサンチャゴで行われた。同年10月のジュネーブでの第6次交渉が最後の交渉となり、2002年10月25日に妥結された。2003年2月15日ソウルで正式に署名された韓チリFTAは、開放対象になったブドウなどの韓国の生産者への被害が懸念され、批准同意案が本会議で3回否決された後、署名してから1年経って2004年2月16日に批准されることになった。その後、2004年4月1日に発効された。

　韓チリFTAの交渉過程を見ると、交渉開始以降、国会は大きな影響力を持たなかった。交渉期間中に韓チリFTAに関して国会で取り扱ったのは、2002年10月18日に行われた農林海洋水産委員会（第234回第6次会議）での審議しかなかった[5]。特に、韓チリFTAが2002年10月25日に妥結されたことを考えると、議論した時期は遅かったと考えられる。そして、交渉担当機関である通商交渉本部の所管委員会である統一外交

（4）　奥田聡（2010）『韓国のFTA——10年の歩みと第三国への影響』アジア経済研究所、78頁。
（5）　「韓チリFTA交渉関連報告」を案件にして議論された。農林海洋水産委員会（2002）『회의록（会議録）・第234回第6次会議、2002年10月18日』。

第6章　市場開放度の低いFTA

通商委員会では、批准同意案に関して2回の会議が行われただけであった[6]。さらに、前述したように、当時の韓国は分割政府の状態であったが、韓・チリFTAは分割政府の存在していた期間内に批准された。つまり、分割政府であったにも関わらず、交渉が締結、批准される過程で国会の監視権限[7]は制限されていた。そして、妥結してから批准までの期間だけを考えると、分割政府ではなく[8]無難に批准に至ったチリ側と比べても大差はない。チリでは2003年8月に批准同意案が下院を、2004年1月22日に上院を通過しており、韓国での批准同意案も国会で2004年2月16日に批准された。

一方、韓チリFTAでは通商交渉本部を中心として形成された集権的な交渉体制は機能しなかった。韓チリFTAの交渉過程を考察すると、この点が明らかに見られる。実際に農産物のセンシティブな品目が除外された交渉にも関わらず、韓チリFTAは、1999年9月に交渉開始から一度中断された後、2002年10月に妥結されて2003年2月15日に正式に署名されるまで、およそ3年以上の期間を要した。2000年11月14日のAPECでの韓国とチリの首脳会談（ブルネイ）で韓チリFTAの早期妥

---

(6) 統一外交通商委員会第234回第12次会議（2003年11月10日）、統一外交通商委員会第244回第7次会議（2003年12月26日）。

(7) FTA交渉においての韓国の国会の監視・監督の権限は、次の法律に基づく。
憲法第60条第1項：国会は以下の内容の条約の締結と批准に同意する権限を有する。相互援助または安全保障に関する条約、重要な国際組織に関する条約、友好・通商・航海条約、主権の制限を伴う条約、講和条約、国家や国民に重大な財政的負担を負わせる条約または立法事項に関する条約。

(8) アウグスト・ピノチェト政権による軍政から民政移管後には、中道左派の政党連合であるコンセルタシオン（Concertación: the Coalition of Parties for Democracy）が2010年1月の大統領選まで一貫した政権を維持してきた。特に、韓チリFTAが再開されて発効された期間である2001年10月から2004年4月までは、コンセルタシオンが推したリカルド・ラゴス・エスコバル（Ricardo Lagos Escobar）が大統領として務めていた。そして、この時期にコンセルシオンは下院と上院で多数を維持していた。

結への決定がなされ、また2001年10月の APEC での首脳会談（上海）でも交渉の早期妥結で合意されたにも関わらず、韓チリ FTA は交渉が長期化しており、韓国が締結した他の FTA と比べてトップダウンの意思決定ではないところが見られる。その原因は、韓チリ FTA における FTA に関する戦略の不在と行政機構の不備にあると推察できる。ステージ 1 の韓国の FTA 政策は、2003年 9 月に公表された「FTA ロードマップ」によって積極的に展開されたが、2002年10月に妥結された韓チリ FTA はこれらの戦略の枠組みの中に属していない唯一の FTA であった。さらに、2004年10月の通商交渉本部の機能の強化によって、トップダウンの意思決定が可能な行政制度になったが、韓チリ FTA の交渉はその行政機構改革の前に行われており、この時点で通商交渉本部はトップダウンの交渉組織として有効に機能していなかった。実際に、韓チリ FTA 政策の推進過程での国内体制の整備の必要性は韓国の2005年外交白書でも指摘されている[9]。

　一方、農業団体に関しては、関連委員会・省庁である農林海洋水産委員会と農林部が交渉過程から除外され、もしくは参加が限定的にしか認められず、農業団体が韓チリ FTA の交渉過程に影響を与えるチャネルはなかった。その点は、通商交渉本部が機能していなかったものの、韓国の FTA 交渉制度の仕組みが集権的であったことと関連すると考えられる。実際に、韓国の利益団体の動きは、協定条文の80％が合意したとされる第 4 次交渉（2000年12月12日—15日）以降に集中しており、それ以前は、ブドウ業者が散発的に抗議文を政府に送るぐらいしか手段がなかったという[10]。その結果、農業団体は十分な政治的影響力を行使す

（9）「我が国初の FTA である韓—チリ FTA は何よりも貴重な学習の場となり、この経験が今後推進される同時多発的な FTA 交渉において貴重な資産として用いられるであろう。」（外交通商部（2005）『2005년외교백서（2005年 外交白書）』147頁）。

（10）　金庚美（2007、25・39頁）。

第 6 章　市場開放度の低い国との FTA

ることが出来ず、代わりに全国農民団体協議会（以下、農団協）などが中心となって、集会、抗議デモ、断食デモ、反対声明の発表、ネット上の政府批判といったより過激な方法で意見を表明した。このような動きは、第 5 次交渉（2002年 8 月20日―23日）の前後によく現れている。2002年 6 月、農業団体はチリ側の譲許案の内容の公開を求めたが、外交通商部から断られている[11]。その後、2002年11月に行われた農業団体の 6 万人規模の大集会では、政府に対する 8 つの要求を発表した。その要求の中には、外交通商部の交渉権の剥奪および交渉における農民代表の参加などが含まれていた[12]。

3　日チリ EPA

1　交渉内容と自由化率

　日チリ FTA の譲許内容を見ると、10年以内における関税撤廃は品目数基準でそれぞれ86.5％に過ぎない[13]。日本からチリへの輸出品については、自動車、一般機械、電気電子製品など鉱工業製品の関税の即時撤廃が決まり、協定発効とともに、輸出額の99.8％が無関税となる。銅、モリブデンなどの対日最大供給国であるチリからの輸入品に対しては精製銅が10年間での段階的関税撤廃となるなど、ほぼ全ての鉱工製品につき10年以内に関税撤廃することになったが、無関税となるのは総輸入額の90.5％にとどまる[14]。チリに対する関税撤廃の比率が相対的に低い

---

(11)　『農民新聞』2002年 7 月 5 日記事。
(12)　『東亜日報』2002年11月14日記事。
(13)　通商産業省（2012）『通商白書2012――世界とつながりの中で広げる成長のフロンティア』390頁。貿易総額の面で見ると、約92％が10年以内に関税撤廃される（外務省（2005）「日本・チリ経済連携協定の概要」（www.mofa.go.jp/mofaj/gaiko/fta/j_chile/pdfs/gaiyo.pdf）（2017年 9 月30日確認））。

のは、農産品や関連加工産品が関税引き下げの除外品目になったことに起因する[15]。センシティブな品目として挙げられたオレンジ、乳製品、チョコレート、リンゴ果汁、リンゴペースト、トマトペーストなどは除外された。他にもサケ・マスやワインにはそれぞれ10年と12年間の段階的な関税撤廃のための期間が設けられた。また、関税割当の対象となったものには牛肉、豚肉、鶏肉などがある。チリの場合も価格バンド制を維持している品目については関税削減の対象外となった。農産品での自由化率が相対的に低いのは、韓国の場合と同じく日本とチリにおいても農産品は両国にとって主要輸出品目ではなく、それぞれセンシティブな品目を持っていることを反映している。それに加えて、日本とチリの貿易収支に大きな差があることも、締結に至った要因の一つである。2005年時点で、日本からチリへの輸出総額が約1040億円であることに対して、チリからの輸入総額は約5654億円であり5倍程度大きいことから分かるように、FTAを通じた貿易収支はチリの黒字である。それゆえ、農産物を自由化しなくても、チリがFTA締結によって得られる利益が十分に確保できた。

2　交渉過程と交渉推進体制

1999年11月にチリのバルデス外相が来日してから、チリ側は日本政府に対して積極的な日チリEPAの推進を要請した[16]。例えば、チリのマリア・ソレダ・アルベアル（Maria Soledad Alvear）外相は日本経済新聞とのインタビュー（2004年3月23日）[17]で、日本の農業はチリの農産物

---

(14)　チリからの輸入の中で、銅鉱（輸入総額の38％）、モリブデン鉱（輸入総額の17％）が主たる輸入品目である（外務省（2005）「日本・チリ経済連携協定の概要」（www.mofa.go.jp/mofaj/gaiko/fta/j_chile/pdfs/gaiyo.pdf）（2017年9月30日確認））。
(15)　北野浩一（2007、245頁）。
(16)　『日本経済新聞』2002年11月7日、2003年1月22日、2004年3月23日記事。
(17)　『日本経済新聞』2004年3月23日記事。

第 6 章　市場開放度の低い国との FTA

と競合しないと強調し、同年11月18日に行われたチリのロドリゲス経済エネルギー相と中川昭一経済産業相の会談でも、ロドリゲス経済相は、「ボールは日本側にある。チリはボールを待っている」と述べ、積極的に交渉を開始することを望んだ[18]。しかし、この後、日本の業界団体を通じた政治的圧力が強まり、センシティブな品目であるブドウ、リンゴ果汁などの農産品、サケ・マスなどの水産品などについて国内調整が困難を極めていた[19]。最終的に、日チリ EPA 交渉は2005年11月に日本とチリの首脳間で EPA 交渉を開始することに合意し、ようやく始まった。それ以降、2006年2月から9月にかけて4回の交渉会談が行われて、2006年9月に協定の主要な要素について大筋合意に至った。その後、第5回交渉を同年11月に開始し、同月の首脳会談において交渉が妥結され、2007年3月に署名、2007年9月3日に発効された。ところが、農産物の自由化水準に見られるように、国内農業への被害がないような交渉結果になった。そのような内容に対して、チリ国内での反発が強く、チリの農業団体は政府に対して強く抗議し、非難した[20]。この状況から推察するに、日チリ EPA 交渉に入る前から自民党内の意見調整があったと思われる。そして、実際の交渉過程を見ると、最初から日本とチリの間でセンシティブな品目を除外することに合意し、農林水産省からの反発を食い止めていた。第一回交渉には近藤誠一国際貿易・経済担当大使ほか関係省庁の代表が出席したが、この交渉では近藤誠一国際貿易・経済担当大臣が首席交渉官として、実務レベルの会合を監督することになり、交渉の基本原則として日本とチリの双方のセンシティブ分野に配慮し、建設的かつ柔軟に交渉をすることが明らかになった[21]。結果的には、

---

(18)　『日本経済新聞』2004年11月18日記事。
(19)　北野浩一（2007、243頁）。
(20)　北野浩一（2007、245頁）。
(21)　外務省（2006）「日本・チリ経済連携協定（EPA）第一回交渉の開催」
　　　（www.mofa.go.jp/mofaj/gaiko/fta/j_chile/j_chile_01.html）。

センシティブな農水産品に関して除外または再協議することになったが、同様の交渉形態は日本の最初の FTA であるシンガポールとの EPA の交渉過程でも見られた[22]。

一方、日本の農業団体が日チリ EPA に反対する姿は見られないが、これは、日本が分権的な制度構造を持っており日チリ EPA の交渉過程に日本の農業団体が影響を与える経路が多かったためであると思われる。また、政治的に敏感な分野が除外されて農業の開放度も低かった面に鑑みると、交渉に農業団体の意見が適切に反映されたことが背景にあったと考えられる。

4　小括：韓国と日本の比較

1　交渉内容と自由化率

チリとの FTA は交渉内容を見ると、関税撤廃の面では韓国の方の自由化率が高いものの、農業開放度の面では両国とも低い水準となっている。この要因は、チリが基本的に資源国であって農産物の輸出がチリの重要な狙いではなかったことである。自動車、テレビなどの主要な輸出品目の輸出増加を図る韓国と日本の意図と資源輸出の増加を図るチリの意図が合致したことが FTA 締結の要因であり、農産物での交渉はFTA 交渉の主たる関心事ではなかった。即ち、輸出商品構成が韓国と日本は工業製品、チリは天然資源を中心として補完的な状況であるため、農業については関税撤廃が大きな問題にはならなかった。そして、コメなどの共通のセンシティブ品目を持っている韓国と日本両国に対して、チリも価格バンド制とセンシティブ品目を持っており、これらの品目に

---

(22)　金ゼンマ（2008、706-707頁）。

第6章 市場開放度の低いとのFTA

ついては議論から除外された。韓国と日本は自動車や家電などの基本的な主力輸出品目について関税撤廃を目的としてFTA交渉に臨んでいるが、チリとの例にみられるように、コメなどのセンシティブ品目を除外しても主力商品での関税撤廃が可能な状況では、韓国も日本もFTAでの農業の自由化率は低い。

2　交渉過程と交渉推進体制

　農業開放度は同程度に低いにも関わらず、交渉過程は韓国では難航し、日本では比較的円滑に交渉が進むという異なる様相を見せた。韓国のFTA交渉の難航は、戦略の不在と交渉組織の機能不全がその原因であると思われる。特に、韓国の通商交渉本部は、集権的な組織として機能できなかっただけではなく、新設された組織であるため、交渉過程で必要なイニシアティブさえ取れなかったと思われる。その上、韓国の国会は交渉過程に関与できず、韓チリFTAの交渉過程について農業団体が情報を収集できるチャネルはなかった。その結果、農業団体を中心とした強い反対運動が繰り広げられた。それに対して、日本では事前に国内調整が行われたことにより、韓国と違って農業団体の全面的な反対もなく、交渉開始後9カ月程でFTAが妥結された。それは、自民党や農林水産省内に農業団体が交渉過程に意見を伝えるチャネルがあったことに由来すると思われる。まとめると、チリのような市場開放度の低い国とのFTAでは、韓国も日本も農業市場の開放度の部分では大きな違いはない。しかし、国内の交渉推進体制の違いにより、そして、制度の不備などにより交渉の様相が異なることがわかる。

　しかし、基本的にFTAでの開放度が高い先進国とのFTAでは農業分野での開放を大幅に高める必要があり、センシティブな品目であっても除外されないことが多い。また、国内の強い反対に直面した際には、FTA政策の推進上での大統領または首相のリーダーシップが必要になるが、このような状況は次の章において米韓FTAと日豪EPAの事例研究を通して検討する。

第7章　市場開放度の高いFTA国との最初のFTA

1　市場開放度の高い先進国としての米国と豪州

　米国と豪州は両国が締結してきたFTAを見ると、自由化水準が高いことが分かる。米国が締結したFTAの自由化水準は非常に高い。例えば、品目ベースで米―チリFTA（2004年1月発効）で米側97.6％、チリ側97.7％の関税撤廃になっている[1]。特に、チリが締結したEU（2002年に署名されて2003年2月1日に発効）、韓国、日本とのFTAではセンシティブな品目として交渉の対象外となった価格バンド制対象品目（小麦、小麦粉、食用油、砂糖の4品目）についても、米チリFTAでは12年後に関税撤廃されることになった[2]。同様に豪州も自由化率が高い国であるといえる。例えば、米国と豪州の間で2005年1月に発効された米豪FTAは自由化水準が米側96.0％、豪側99.9％と双方高く、将来的に自由化されるものを含めれば、99.0％になるといわれている[3]。米国

---

[1]　経済産業省（2012、387頁）。
[2]　北野浩一（2007）「チリ――影響力の大きい部門別業界団体」東茂樹（編）『FTAの政治経済学――アジア・ラテンアメリカ7カ国のFTA交渉』アジア経済研究所、233頁。

や豪州との FTA は基本的に自由化率が高く、前述したチリとの FTA とは異なり、韓国と日本は農産物を大幅に開放する必要に迫られることとなる。そして、両国にとって市場開放度の高い国との最初の FTA 交渉であったため、交渉前から国内からの反発が強かった。

2　米韓 FTA

1　交渉内容と自由化率

米国が締結した他国との FTA でも見られるように、米韓 FTA も高い自由化率（将来、実質的に自由化する品目を含めると、99.0％）で合意した[4]。特に、米韓 FTA は農業分野において高いレベルでの市場開放が進められ、市場開放が全く行われない品目は１％（コメ16品目）だけにとどまった。コメに関しては、韓国が30億ドル市場である米国の造船業への進出を断念する代わりに、５万ドル市場（コメ10万トン分）である韓国のコメ市場を守ったと言われている[5]。その他、大きな影響を受けると予想された農業部門に対しては短期被害補填制度を運用しながら、競争力の向上に集中的に支援する計画が立てられた。具体的には、直接被害補填事業に１兆2965億ウォン、品目別の競争力強化に７兆6465億ウォン、農業の根本的な体質強化に12兆1459億ウォンが配分されたが、韓国の企画財政部によると、これらの支援規模（21兆889億ウォン）は、

（３）　内閣官房（2011）「包括的経済連携の現状について（平成23年11月）」、13頁（http://www.cas.go.jp/jp/tpp/pdf/2012/1/20111125.pdf）（2017年９月30日確認）。
（４）　経済産業省（2012、390頁）。
（５）　「세계 1위 조선이 FTA 협상 때 쌀시장 개방도 막아냈다（世界一位造船が FTA 交渉の際に、コメ市場の開放を防いだ）」『쿠키뉴스（クキニュース）』2007年４月８日記事。

米韓FTAの発効後、15年間に予想される農漁業分野の生産額の減少（10兆4685億ウォン）の2倍に達する水準だという[6]。また、米韓FTAで一番の争点になったのは、自動車と牛肉であるが、自動車は米国が、牛肉は韓国が守勢に回ったケースであり、関税引き下げのみならず、広い意味での関連制度の改善と解される税制改革や検疫なども含めた包括的な議論が実施された[7]。

2012年12月5日に行われた追加交渉も自動車交渉に対する米国側の不満から行われた。この交渉を通じて米国側の要求を韓国側はほとんど受け入れたとされている。例えば「米国で韓国車に対する関税撤廃以降、韓国車の販売台数が急増した場合、米国側が緊急輸入制限措置を取ることができる」、「韓国に輸入される米国車の中で、25,000台以上販売される車両だけに韓国の安全検査基準を適用する」という条項などが、この追加交渉で受け入れられた[8]。

2　交渉過程と交渉推進体制

韓国と米国は2006年2月に米韓FTAの正式な交渉開始に合意した。その後、米韓FTAは2007年4月に妥結され、2007年6月30日に正式に署名された。2007年9月に批准同意案が韓国の第17代国会に提出されたが、2008年5月29日の第17代国会の任期満了により批准同意案は廃案となった。その後、2008年10月8日に批准同意案は韓国の第18代国会に再提出され、2008年12月18日に国会の外交通商統一委員会に上程された後、2009年4月に国会外交通商統一委員会を通過した。しかし、米国側の再交渉の要求を受けて2010年11月30日から12月3日に米韓FTA通商長官会議が開催されることになり、2010年12月3日に再交渉案が妥結し、

---

(6)　国会図書館（2009、29-34頁）。
(7)　奥田（2010、114-124頁）。
(8)　「米韓FTA妥結、自動車産業はアメリカに有利であるが、韓国にも肯定的である」『SBSニュース』2010年12月7日放送。

第 7 章　市場開放度の高い国との最初の FTA

　2011年2月10日に米韓 FTA は正式に署名された。韓国では、2011年6月3日に米韓 FTA 批准同意案が国会に提出された後、9月16日に外交通商統一委員会に上程されて、11月22日に国会の本会議を通過した。それは、米国が2011年10月12日に下院と上院で批准同意案を採択した約一カ月後のことであった。

　米韓 FTA の交渉過程を見ると、交渉過程で国会は依然として権限が制限されていた。2006年2月3日の交渉開始から約5カ月が経ってから、所管委員会である統一外交通商委員会で米韓 FTA に関する会議が初めて開催された。2006年7月7日に開始された統一外交通商委員会（第260回第6次会議）には、潘基文（バン・ギムン）外交通商部長官、金通商交渉本部長などが出席し、「第2次交渉対応方案」に関する報告が行われた。しかし、米韓 FTA の交渉内容は機密情報であるとし、ほとんどの内容に関して政府関係者は沈黙に徹した[9]。特に、与党議員の間では、交渉の譲許案が委員会など通じて事前に公開されると米韓 FTA 交渉に多大な被害を与える可能性があり、各利害関係者の間で誤解と混乱が生じる可能性もあるため、米韓 FTA の交渉戦略を事前に公開するのは望ましくないという意見があった[10]。なお、米韓 FTA では韓国国内の批准過程で難航したことが指摘されているが、国会での争点になったのは国内対策であった。実際に、国会の外交通商統一委員会の批准案検討の報告書（2008.11）には、被害部門に対する支援と補償など国内支援対策が充実しているか否かが、批准同意案審査の重要な懸案として挙げられている[11]。このような批准作業での難航は交渉過程では

（9）　統一外交通商委員会（2006）『회의록（会議録）・2006年第260回第6次、2006年7月7日』。

（10）　金元雄（キム・オンウン）議員は、「米韓 FTA の第2次交渉を前にして譲許案を含む我が国の交渉戦略が事前に漏出されるのは望ましくない」と述べた（統一外交通商委員会（2006、2頁））。また、鄭義溶（ジョン・イヨン）議員は、「国家間の交渉において、その交渉内容を公開しないのが原則である」と述べた（統一外交通商委員会（2006、6頁））。

立法府が通商に関する行政府の権力を牽制できなかったことに起因するものでもある[12]。しかし、国会での交渉が難航したとしても、批准までの期間が長くなったのは、米国の国内の状況と韓国国会の反対が強かったこと以外にも原因はあったと思われる。

　一方、米韓 FTA 交渉では大統領直属のスタッフが強い影響力を持っていた。米韓 FTA の場合は、約10カ月弱の期間で交渉が行われたが、盧大統領の支持基盤は脆弱になっており、2006年末には10％前半まで支持率が下落していた状況であった。特に、交渉に関しては、当時の通商交渉本部長であった金鉉宗が重要な役割を担っていたといえる。米韓 FTA は当時の通商交渉本部長であった金鉉宗が大統領に提案し、盧大統領の支持を得て推進された。特に交渉最終局面であった2007年2月26日に開かれた米韓通商代表会談での金通商交渉本部長の決定が米韓 FTA の妥結に重要であった[13]。通商交渉本部の影響力が強いことに対しては政府関係者からの批判の声が多く、FTA 関連の国内調整に当たることとなっている財政経済部すら意思決定の過程から完全に疎外されていた[14]。追加交渉においても、反対世論が強かったにも関わらず、2010年11月30日から12月3日にかけて行われた米韓 FTA 通商長官会議で再交渉案が妥結されたことも、集権的制度の結果であったと思われる。このように FTA 交渉において、大統領直属のスタッフや機関がイニシアティブを取ったのに対して、農林水産部などの関連省庁の影響と利益は重要ではなく、交渉にも反映されなかった。即ち、米韓 FTA では、政策がトップダウンの意思決定によって決められ、その影響が交渉過程で明らかに見られた。

---

(11)　韓国国会図書館（2009、104頁）。
(12)　ユ・ヒョンソク（2008）「통상외교와국회의역할（通商外交と国会の役割）」、한국정치외교사논총 제 29 집 제 2 호（2008.2）pp. 439-464。
(13)　奥田聡（2010）『韓国の FTA――10年の歩みと第三国への影響』アジア経済研究所、107頁。
(14)　『朝鮮日報』2006年7月12日記事。

第 7 章　市場開放度の高い国との最初の FTA

　ステージ 1 における他の FTA と同じく、国会の権限は制限され、通商交渉本部が主導して交渉が行われたため、農業団体が米韓 FTA の交渉過程に影響を与えるチャネルはほぼなかった。また、農業団体が意見を述べる場として活用されるべき公聴会も、その機能を持ちえなかった。実際に、米韓 FTA の一回目の公聴会が開かれたが、その公聴会の前日に米韓 FTA 交渉の開始が決定されるといった事情により、農業団体の意見は反映されなかった(15)。米韓 FTA の交渉過程に影響を与えるチャネルが政府内になかった農業団体は、署名運動などを展開した。その中でも、進歩的な農業団体である全農連と全国農民連帯は、300の進歩的な団体により発足した「米韓 FTA 阻止汎国民運動本部（以下、汎国本）」に参加して米韓 FTA の反対運動を行った(16)。

3　日豪 EPA（交渉開始～一時中断）

1　日本の経済的・戦略的利益と農産品

　日豪 EPA は2006年 5 月18日の経済財政諮問会議で決定された「グローバル戦略」に基づいて推進された。この「グローバル戦略」では、貿易量が大きい東アジア諸国との EPA 締結を加速化するとともに、資源産出国などとの EPA も積極的に取り組むことが明確にされた(17)。特に日豪 EPA の推進は経済的な利益とともに、戦略的な利益の面で重要

---

(15)　公聴会は農業団体を含め利害関係者の意見を交渉に反映するために開かれるものであって、交渉開始前に余裕をもって数回設置されるのが一般的である。その面からすると、米韓 FTA の公聴会はただの形式上の行為に過ぎなかったと言える。

(16)　米韓 FTA 阻止汎国民運動本部政策企画研究団（2006）『한·미 FTA 국민보고서（韓米 FTA 国民報告書）』、グリンビ、5 頁。

(17)　経済産業省（2007、226頁）。

114

であった。まず、日本と豪州の輸出構造は補完的であり、日本にとって豪州は資源・食料の供給源として経済的に重要である。2005年時点では、豪州から日本に輸出される品目として、石炭・液化天然ガス等が大半を占め、次に鉄鉱、肉類の順となっていた[18]。その中でも、日本の鉱石・スラグ類総輸入に占める豪州産シェアは1位（対豪依存率26.8%）、肉類も1位（30.5%）となっており、アルミニウム・同製品（4.8%）も2位、鉱物性燃料類（8.7%）も4位といずれも高い依存率である。他方、2005年時点で、日本から豪州への主要輸出品目は、自動車・自動車部品が大半を占め、次いで機械類、電気機器の順となっている[19]。さらに、戦略的な面でも豪州は重要である。日本と豪州は両国がアジアでの戦略的なパートナーであるという共有認識を持っており、2007年3月13日に発表された安全保障協力に関する日豪共同宣言（Japan-Australia Joint Declaration on Security Cooperation：以下、日豪安保共同宣言[20]）にもよく表れている。当時の安倍晋三首相とジョン・ハワード豪州首相との間で日豪安保共同宣言が発表されたが、これは日本が米国以外の国と初めて軍事協定を締結しようとする試みであった[21]。このような豪州との関係を考えれば、日豪EPAも戦略的な利益にも基づいて推進され

---

(18) 詳細に見ると、豪州から日本へ輸入される重要な輸入品目としては、石炭・液化天然ガス等（50.9%）、鉄鉱（17.2%）、肉類〔特に牛肉〕（9.1%）、アルミニウム（4.4%）、木材チップ等（3.1%）、金塊（1.9%）、穀物（1.9%）、種・飼料植物（1.4%）、チーズ等酪農品（1.0%）などがある（木村福成・板倉健・久野新（2007）『日豪経済委員会委託レポート：戦略的関係を強化する日豪EPA（2007年6月）』豪経済委員会事務局、5頁）。

(19) 詳細に見ると、日本から豪州へ輸出される重要な輸入品目としては、自動車・同部品（53.9%）、機械類（16%）、電気機器（8.5%）、タイヤ等（2.9%）、鉄鋼（2.7%）、製油（2.5%）、光学機器・精密機器（2.0%）などがある（日豪経済委員会事務局（2007）、5頁））。

(20) 外務省（2007）「安全保障協力に関する日豪共同宣言」（www.mofa.go.jp/mofaj/area/Australia/visit/0703_ks.html）に詳細に書かれている。

(21) 『BBC NEWS』年3月13日記事。

第 7 章　市場開放度の高い国との最初の FTA

たと解される。実際に、日本は ASEAN ＋ 6 という枠組で EPA を推進していたが、豪州との FTA 交渉が推進されたのもこの東アジア域内での FTA ネットワーク構築の一環であった[22]。

しかし、豪州は日本にとって米国、中国に次ぐ第 3 位の農林水産品輸入相手国である。豪州からの輸入額の 2 割近くが農林水産品であり、その過半数が牛肉、小麦、乳製品、砂糖などセンシティブな品目となっている[23]。そのため、農林水産省は日豪 EPA に強い警戒心を示していた[24]。特に、農林水産省は日豪 EPA の締結で、輸入額の多い 4 品目（小麦、砂糖、牛肉、乳製品）の国内生産額が8000億円程度まで減少すると予想し、米などの他の農林水産品を含めると被害はさらに広がるという見方を取っていた。

2　交渉過程と交渉推進体制

日豪 EPA の交渉は2007年 4 月に交渉を開始してから、2012年 6 月までに計16回の交渉会談が行われたが、本章が分析対象とするステージ 1 が終了する2012年12月31日の時点では締結されていなかった[25]。

日豪 EPA の交渉過程を見ると、自民党の農林水産物貿易調査会と国会の衆参農林水産委員会が基本方針を交渉前に決めたことが分かる。まず、自民党・農林水産物貿易調査会（農林水産貿易対策委員長：森山裕）

---

[22]　経済産業省（2007）『通商白書2007――生産性向上と成長に向けた通商戦略』103-104頁。
[23]　農林水産省（2008）「日豪 EPA 交渉について（平成20年 2 月）」。
[24]　農林水産省（2006）「日豪 EPA／FTA の交渉に当たって」（www.maff.go.jp/kanto/syo_an/seikatsu/iken/pdf/shiryo1-4.pdf）。
[25]　なお、自民党政権への政権交代後、2014年に入ってから、国際的、国内的な環境の変化にともない、日本とオーストラリアの交渉が再開され、2014年 4 月 8 日オーストラリアのトニー・アボット首相は安倍首相と東京で会談を行い、日豪 EPA について大筋で合意した。その後、2014年 7 月 8 日の署名にまで至った。

が2006年12月4日に開かれ、交渉において重要品目を自由化の対象から除外するよう政府に求める決議を行った。その後、国会の衆参農林水産委員会は、コメ、小麦、牛肉、乳製品、砂糖など重要品目は除外または再協議の対象にすることを決めた「日豪EPAの交渉開始に関する決議」を採決した（衆議院農林水産委員会が2016年12月7日、参議院農林水産委員会が2016年12月12日に発表[26]）。政府内では、経済財政諮問会議の「EPA・農業ワーキンググループ」で日豪EPAと農業問題について議論されたが[27]、一回目のEPA・農業ワーキンググループが開かれたのは、2007年1月13日になってからのことであった。また、自民党による法案の与党事前審査制度が日豪EPAの交渉過程に影響を与え、官邸主導で日豪EPAを進めようとしていた当時の安倍首相の意図が農林部会で阻まれ交渉は頓挫した[28]。三浦（2010）が元農林水産大臣の玉澤徳一郎に行ったインタビューでは、日豪EPA推進において農林部会の影響が強かったことがよく示されている[29]。つまり、FTAにおける農産物の扱いについては、農林部会や農林水産物貿易調査会の審査・了承を取り付けておかなければならず、農林部会で反対されると、首相が積極的に進めようとした政策であっても挫折することになった。

そして、詳細な自由化水準を決める交渉過程でも、分権的な交渉体制

---

(26) 「日豪EPAの交渉開始に関する件」（第165回国会衆議院農林水産委員会議録第5号、平成18年12月7日）、「日豪EPAの交渉開始に関する決議」（第165回国会参議院農林水産委員会会議録第5号、平成18年12月12日）。

(27) 「第1回EPA・農業ワーキンググループ議事要旨」（EPA・農業ワーキンググループ、2007年1月31日）、18頁（http://www5.cao.go.jp/keizai-shimon/special/global/epa/01/epa-s.pdf）。

(28) 三浦秀之（2010）「農産物貿易自由化をめぐる政策意思決定システムの変遷：自民党政権下の変化に注目して」『法政論叢』第47巻第1号、38-39頁。

(29) 「日豪EPAの農産物交渉を自由化の姿勢で交渉しようとした松岡農水相が農林部会に現れると、玉澤徳一郎、西川公也が中心になって猛烈な反対を示したという。このとき松岡農水相は農林部会所属の農林族議員を説得できると考えていたという」（三浦秀之（2010、46頁の脚注101））。

が見られた。日豪EPAも他のEPAと同じく、4省の共同議長体制によって推進された。農林水産省は交渉の基本方針として「重要な農林水産品は除外または再交渉の対象になるよう、粘り強く交渉する」という立場を明確にしていたが[30]、この農林水産省の方針と共同議長体制による分権的な交渉推進体制は交渉過程に顕著に表れた。まず、農林水産省の交渉日誌などの日本側の資料によると、第1回会合では日本からは河野外務審議官及び村上農林水産審議官ほか各省庁の代表が出席し、今後の交渉の枠組みや進め方についての議論が行われ、事務レベルの交渉分野が設定された。また、農林水産分野などにおけるセンシティブ品目についての説明が行われた[31]。第2回会合でも、コメ、小麦、砂糖、乳製品、牛肉などの品目に関する日本国内での政治的に敏感な状況が議論され[32]、その後の会合でも、農林水産物の自由化が主な議論の対象になった。豪州側が小麦、砂糖、牛肉、乳製品などについて関税撤廃を図る一方で、日本側はコメ、小麦、砂糖、牛肉、乳製品などについて除外を求めて、重要品目の関税撤廃に応じられないことを主張し続けた[33]。このような状況は、豪州の外務貿易省の交渉日誌などでも明らかになっている[34]。2008年2月25日から29日まで実施された4回目の会談で商品の市場アクセスに関する交渉が開始されたが、日本が要求した多くの除外品目には豪州の関心品目が多く含まれていた。その後、

---

(30) 農林水産省（2006）「日豪EPA/FTAの交渉入りに当たって（大臣談話）」（www.maff.go.jp/j/press/2006/pdf/20061215press_5b.pdf）。
(31) 農林水産省（2007）「第1回日豪EPA交渉会合の概要（平成19年4月）」。
(32) 農林水産省（2007）「第2回日豪EPA交渉会合の結果概要（平成19年8月）」。
(33) 農林水産省の「第3回日豪EPA交渉会合の結果概要」;「第4回日豪EPA交渉会合の結果概要」;「第5回日豪EPA交渉会合の結果概要」;「第6回日豪EPA交渉会合の結果概要」;「第7回日豪EPA交渉会合の結果概要」;「第8回日豪EPA交渉会合の結果概要」;「第9回日豪EPA交渉会合の結果概要」;「第10回日豪EPA交渉会合の結果概要」を参照（www.maff.go.jp/j/kokusai/renkei/FTA_kanren/f_aus/）。

3　日豪 EPA（交渉開始〜一時中断）

　2008年4月28日に実施された5回目の会談から2009年11月17日の10回目の会談まではサービスと投資について主に議論された。特に、5回目の会談では農業以外のすべての領域では進展が見られたが、日本側は政治的敏感性を理由にして牛肉と乳製品を除外品目に含めたいと要求し、それに関して2日間の交渉期間を費やした[35]。

　しかし、2009年に民主党に政権が移行してから、日本が経済統合や戦略的な面を考え、日豪 EPA により積極的になることが期待されていた。この期待は、当時の豪州のクリーン貿易大臣の発言から明らかになっている。クリーン貿易大臣は新たに任命された外務相、農林水産相、経済産業相と会談して、日本の経済を活性化させるために FTA を含む貿易政策に積極的に参加すべきであるという共通認識の下で、共通のアジェンダを持っていることを確認したという[36]。そして、岡田克也外務大臣は2009年6月7日に開かれた日豪シンポジウムで基調講演し、「二国間の文脈を超えて地域の経済統合をさらに進め、将来にわたる地域の平和と繁栄を確保するという戦略的重要性を持っている」と強調し、「日豪 EPA は民主党政権の優先課題。大局を見て引き続き締結に全力を上げていく」と述べた[37]。その後、2011年4月21日に行われた菅直人首相と豪州のギラード首相の共同記者会見では、日豪 EPA の重要性を再確認し、包括的で相互利益になる FTA を推進することを確認した[38]。しかし、その後に行われた交渉でも依然として停滞が見られており、それは豪州の外務通商部の交渉日誌に記されている。2010年4月19日から

---

(34)　豪州の外務省の「Australia-Japan Free Trade Agreement」を参照（http://dfat.gov.au/trade/agreements/jaepa/Pages/japan-australia-economic-partnership-agreement.aspx）（2017年9月30日確認）。
(35)　『The Age』2008年5月3日記事。
(36)　『The Australian』2009年10月28日記事。
(37)　『農業協同組合新聞』2010年6月9日記事。
(38)　外務省（2011）「日豪両首相による協同ステートメント」（www.mofa.go.jp/mofaj/area/australia/visit/1104_ks1.html）。

第7章　市場開放度の高い国との最初のFTA

23日まで行われた第11回会談では食料供給とビジネス環境の改善に関して主に議論された。次の第12回会談は10カ月ぶりの2011年2月に開かれたが、今までの会談が長くても5カ月の間隔を置いて行われていたことを考えれば、かなり遅い。2011年12月20日に行われた第13回会談では、原産地規則、関税手続きなどを含む部分については両国の意見が一致したが、商品市場アクセスについては既存の立場に変化が見られなかった。日本のFTA交渉に関する分権的な推進態勢を考えれば、日豪EPA交渉での停滞は農林水産省の強硬な反対に原因があったと考えられる。

　一方で農業団体は、自民党内の農林水産貿易調査会などで意見を述べることができ、関係省庁である農林水産省が交渉の主体であったため、日豪EPAの交渉過程に影響を及ぼしうるチャネルが多かったと言える。また、農業団体は政府内のチャネルを通じて、交渉過程に影響を与えていると自ら認識していた。このような認識は当時のJA全中農政部長の今野正弘の話によく表れている。今野は「重要品目の例外扱いが明確にならない限りは、日豪EPA交渉入りは認められないという立場で運動を展開してきた。その結果、自民党の決議となり、衆参の農水委員会の決議となったわけだ」と述べた[39]。

4　小括：韓国と日本の比較

1　交渉内容と自由化率

　前述のとおり、アメリカと豪州はFTAでの高い自由化率を求めている国であって、交渉の際に韓国と日本の農業に高い水準の開放が要求さ

---

(39)　「日豪FTA・EPA問題——重要品目の除外は絶対に譲れない（JA全中農政部長、今野正弘との会談）」月刊『日本の進路』2007年2月号（http://www.kokuminrengo.net/old/2007/200702-agri.htm）。

4 小括：韓国と日本の比較

れてきた。締結された米韓 FTA の場合、農業分野において非常に高いレベルでの市場開放で合意した。そして、2012年12月31日時点で、交渉中であった日豪 EPA の場合も、今までの FTA では交渉から除外されてきた農産物での開放を迫られている状況であり、締結による日本の農業への影響が懸念されていた。

2 交渉過程と交渉推進体制

　米韓 FTA の場合は、国民世論の反発が強く、政策決定者の支持基盤が弱い状況の中で、交渉開始から妥結までにかかった期間がわずか10カ月弱であった。早期に締結された要因として考えられるのは、大統領を中心とした集権的な FTA 政策推進体制である。集権的な交渉体制の下で、大統領直属のスタッフや機関が FTA 交渉へのイニシアティブを取ることができた。また、韓チリ FTA とは違って「同時多発的な FTA 推進」という戦略の下で集権的な交渉組織が有効に機能し、より迅速に FTA の締結を行える状況にあった。それに対して、韓国国会の影響は制限され、農林水産部などの関連省庁の影響と利益も反映されなかった。その結果、米韓 FTA の交渉過程で農業団体は、政府内に業界の意見を述べるチャネルが設けられず、全国的な反対運動を起こした。一方、日豪 EPA の場合は、2012年12月31日時点で交渉が開始されて6年弱経過した時点でも、依然として締結されていない。この停滞は、当時の日本が省庁間合意を重要視する共同議長体制によって交渉を推進するという分権的な交渉制度を採用していたことに加え、当時の自民党では農林部会の事前審査を受ける必要があったことによるものと考えられる。その過程で、日本の農業団体は政府内のチャネルを十分に利用し、業界の利益を交渉過程に反映できたと自己認識していた。まとめると、韓国の場合には国内の反対が強かったにも関わらず、集権的な FTA 交渉体制によって米韓 FTA の締結が可能になったが、分権的な FTA 交渉体制を採用していた日本の場合、政治的に敏感な農業分野は交渉対象から除外され、高い農業開放を望んでいた豪州との交渉自体が進められなかった。

第 7 章　市場開放度の高い国との最初の FTA

　次章では、両国がステージ 2 で初めて締結した豪州との FTA に関して事例分析を行う。豪州との FTA は両国とも、ステージ 1 から推進され、ステージ 2 の初期段階で締結されたため、ステージ 1 とステージ 2 の FTA 交渉に関する制度の影響を同時に受け、移行期的な特徴が見られることが予想される。

第8章　制度転換後の最初のFTA

1　豪州国内の自動車生産の終了と豪州の政権交代

　ステージ2で豪州が結んだFTAでもステージ1と同様に高い自由化水準が見られる。例えば、2014年11月18日に妥結した中豪FTAの場合、往復貿易額基準で85.4％を即時撤廃し、加えて4年から11年にかけて段階的に撤廃されると、最終的な自由化率は輸入額基準で豪州が100％、中国が97％に達する。しかし、ステージ2の期間では大きく分けて二つの変化があった。まず、豪州内での自動車生産が激減し、豪州で自動車を生産する3社（トヨタ、GMホールデン、フォード）が17年末までに現地自動車生産から撤退することを発表した。それによって、今後、豪州の自動車市場は輸入車によって賄われることになった[1]。次に、2013年9月の豪州で、労働党からオーストラリア自由党に政権交代した。新しく政権についたアボット政権は前労働党政権との違いを際立たせるために、日本、中国、韓国とのFTAを強く望んでいた[2]。それによっ

（1）　平木忠義（2015）「オーストラリアFTA・EPAが市場を変える」『ジェトロセンサー』2015年6月号、21頁。
（2）　『Inside U. S. Trade』2014年4月11日記事。

第 8 章　制度転換後の最初の FTA

て豪州の FTA 政策でも変化が表れる可能性が高くなった。

2　韓豪 FTA

1　交渉内容と自由化率

　まず、豪州の場合、韓国からの輸入額の86.6％（品目数基準で約90.9％）を即時撤廃し、協定の発効後8年間で完全に関税を撤廃する。一方、韓国の場合、豪州からの輸入額の72.4％（品目数基準で約75.2％）を即時撤廃し、協定の発効後10年間で豪州からの輸入額の約94.6％（品目数基準では約94.3％）を関税撤廃する。また、韓国にとって政治的に敏感な農産物に対しては、次のように決定された。まず、農産物全体の10.5％（品目数基準）が除外対象になった。具体的には、コメ及び関連する品目（計16品目）は除外し、リンゴ、ニンニク、ネギ、豚肉（冷凍）、全・脱脂粉乳など（計142品目）については現行の関税が維持されることになった。そして、農産物全体の38.5％の品目については、長期関税撤廃（10年以上20年以下）、関税の引き下げ（10年間で50％の引き下げ）、季節関税などの対象となった[3]。例えば、大豆などに対しては関税割当制（Tariff-Rate Quota：以下、TRQ[4]）が適用され、牛肉、麦、砂糖などに対しては緊急輸入制限措置（Safe Guard：以下、セーフガード[5]）が適用されることになった。特に、韓豪 FTA の焦点となった牛肉については、15年間で関税を撤廃することになったが、豪州産牛肉ついては

（3）　関係省庁合同（2014）『한=호주 FTA 상세설명자료（韓豪 FTA の詳細説明資料）』、11頁。
（4）　競合する輸入品から国内製品を保護することを目的とした制度である。この制度では、輸入品について割当量に達するまでは低い関税か無関税とし、その閾値を超えた部分の輸入については高い関税（実質的な禁輸）を課す。
（5）　輸入量が一定の基準を超えると、現行の関税率に戻す制度である。

セーフガードも導入された。一方、韓国が輸出する自動車、機械、家電などについては、次のように決定された。自動車については、豪州に輸出する中小型車の関税は即時に、大型車については3年で撤廃することとなった。機械・家電、鉄鋼や石油化学製品の関税は即時撤廃することとなった。

総合すると、豪州がほぼ100％の関税撤廃を行ったのに対し、韓国は国内農業に与える影響を少なくするための交渉を行ったと言える。特に、ステージ1での米韓FTAと比較すると農産物の自由化率を低く押さえる交渉結果になった。

2　交渉過程と交渉推進体制

韓豪FTAは2009年5月に交渉が始まり、2010月5月まで計5回の公式交渉が行われた。しかし、韓豪FTAはステージ1の期間では、牛肉、酪農品などの自由化水準や、「投資家対国家間の紛争解決条項（Investor State Dispute Settlement：以下、ISDS）」のような争点分野で交渉の進展がないまま、中断していた[6]。ところが、両国の政権交代（韓国の朴政権：2013年2月、豪州のアボット政権：2013年9月）後である2013年11月15日に開かれた韓豪通商長官会合で、韓豪FTA交渉を再開することに合意し[7]、第6回韓豪FTA交渉が行われた。その後、2013年12月に第7回韓豪FTA交渉が行われ、2013年12月4日に行われた韓豪通商長官会合で韓豪FTAが実質的に妥結したと発表され、2014年4月8日に正式に署名された。そして、国会での批准も難なく進められた。韓豪

（6）　本研究では、ステージ1の期間で国内の強い反対に直面して強い政治的リーダーシップが要求された最初のFTAとして、米韓FTAと日豪EPAを事例として検討した。特に、ステージ1の期間で最も重要なFTA交渉として、韓国は米韓FTA交渉を、日本は日豪EPA交渉を推進していた。したがって、ステージ1での日豪EPAの比較対象として、韓豪FTAより米韓FTAの方がより妥当であると考えられる。

（7）　産業通商資源部（2013b）『通商白書』、20頁。

第 8 章　制度転換後の最初の FTA

　FTA の批准同意案が2014年 9 月16日に国会に提出された後、2014年11月13日に国会外交統一委員会を、12月 2 日には国会の本会議を通過し、12月12日に正式発効された[8]。

　韓豪 FTA 交渉の再開（2013年11月15日）から妥結（2013年12月 4 日）までの期間の韓豪 FTA に関する国会の動きを観察すると、ステージ 2 の FTA 交渉過程での国会の影響力は制限されてはいるものの、ステージ 1 に比べて増加したことがわかる。韓豪 FTA の場合、すでに交渉が開始されていた FTA であったため、通商手続法の第 6 条による通商条約締結計画の義務から逃れていた。そして、通商手続法の第 5 条[9]によって委員会での要求があるときには交渉過程に関する報告が義務付けられていたが、交渉開始から妥結までの期間が短かったため、政府によって進められる交渉過程の詳細を把握できる時間も短く、委員会が報告を受けたのは韓豪 FTA の妥結後であった[10]。韓豪 FTA の妥結の直後である、2013年12月 9 日の産業通商資源委員会では、産業通商資源部の尹相直（ユン・サンジク）長官以下、第 2 次次官、通商次官補、通商交渉室長などが会議に参加して報告を行い、質疑を受けた。その場で、姜昌一（ガン・チャンイル）議員は、通商手続法の第10条第 2 項に基づき、産業通商資源部が韓豪 FTA の交渉妥結前に事前報告していない点を強く非難した。ただし通商手続法の第10条第 2 項では、通商条約の締結計画に重要な変更のある場合、即時、国会の委員会に報告をすると規定しているが、交渉上の緊急な進展などがある場合に限っては事後報告するようになっていた。その後、署名までの期間では、産業通商資源委員会で韓豪 FTA の交渉経過に関する報告が行われた。例えば、2014年

（ 8 ）　『豪州東亜』2014年12月 5 日記事。
（ 9 ）　通商手続法の第 5 条によると、「国会の外交統一委員会、産業通商資源委員会などの要求があるときは、進行中または署名が完了した通商条約について報告または書類の提出を行わなければならない」という義務がある。
（10）　産業通商資源委員会（2013）『회의록（会議録）・2013年第320回第10次、2013年12月 9 日』。

2月14日に行われた会合では、産業通商資源部の尹（ユン）長官が韓豪FTAの交渉経過について報告を行い、国会における批准に向けた協調を要請した[11]。

そして、韓豪FTAの交渉過程では、交渉主体機関である産業通商資源部だけではなく、他の省庁が交渉に関与できる分権的な制度構造が表れた。韓国と豪州の間に残された争点が少なく、交渉開始から妥結までの期間が短かったため、産業通商資源部によって交渉が速やかに妥結された。しかし、政府組織法では、批准同意案の処理を外交部が担当することになっており、その省庁間の業務処理や権限配分をめぐって問題が生じ、国会とのやり取りにも影響を与えた[12]。そして、韓豪FTAに関する説明会などを関連省庁が合同で行うなど、ステージ1で通商交渉本部が主導したのと違い、省庁間の協調を必要とする分権的な構造が明らかに表れた。

韓豪FTAは、事実上、ステージ1とステージ2の制度構造が絡みあって影響を与えたため、移行期的な特徴が見られたが、それがそのまま利益団体にも影響を与えたと思われる。交渉再開から妥結までの期間が3週間弱と短かったこともあり、利益団体が意見を出せる場は設けられなかった。しかし、制度構造がより分権的になったことで、ステージ1の他のFTA交渉に比べて農業団体がFTA交渉過程に影響を与えうるチャネルは増えたものと考えられる。

---

(11) 産業通商資源委員会（2014）『회의록（会議録）・2014年第322回第1次、2014年2月14日』。
(12) 産業通商資源委員会（2013）『회의록（会議録）・2013年第320回第10次、2013年12月9日』。

第8章　制度転換後の最初のFTA

3　日豪EPA（交渉再開以降）

1　交渉内容と自由化率

　日豪EPAの譲許内容を見ると、往復貿易額の約95％を協定発効後10年間で関税撤廃することに合意した。輸入額基準で、協定の発効後10年間で豪州は日本からの輸入額の約99.8％を関税撤廃し、日本は豪州からの輸入額の約93.7％（品目数基準では約88％）を関税撤廃することを決定した。日豪EPAにおいて最も重要な争点となった自動車、機械、家電などと農産物については、次のように決定された。自動車に関しては、豪州に輸出される自動車の中で中小型車の関税は即時に、大型車については3年で撤廃することとなった。機械・家電の関税は即時に、鉄鋼関税は5年以内に撤廃することとなった。農産物については牛肉以外の重要5品目については、事実上、除外または再協議することとなった。つまり、コメは除外し、食用小麦、砂糖、バター・脱脂粉乳については「将来的に見直す」、即ち、当分は現行の関税が維持されることになっている。日豪EPAの焦点となった牛肉については、冷蔵牛肉の関税（現行38.5％）を10年目に26.4％に、15年目に23.5％に下げ、冷凍牛肉の関税（現行38.3％）を10年目に25％に、18年目に19.5％に引き下げるとしつつ、その引き下げた関税で輸入しうる上限数量を、冷蔵牛肉については、10年後に14.5万トン（現行13万トンより1.5万トン増）、冷凍牛肉の場合は、10年後に21万トン（現行19.1万トンより1.9万トン増）にとどめている。そして、豪州産牛肉についてはセーフガードも導入された。

　総合すると、日本にとって、今まで結んできたFTAの中で、日豪EPAは自由化率が一番高いが、品目ベースで見ると88％の自由化水準に止まっており、この自由化水準はオーストラリアが今まで結んできたFTAと比べてみても低い水準である。例えば、米国と豪州の間で2005

3 日豪 EPA（交渉再開以降）

年1月に発効した米豪 FTA は自由化水準が米側では96.0％、豪側では99.9％と双方高く、将来的に自由化されるものを含めれば、米豪両方合わせて99.0％になるといわれている[13]。そして、日本の場合、日豪 EPA で牛肉での特恵的な関税の引き下げが初めて施行されたが、長期間の関税率の削減期間や特別セーフガード、輸入制限クォーターなどを設定し、国内市場への影響を最小限にしたと考えられる。日豪 EPA は、国内への影響が最小限となるように交渉し、重要なセンシティブ品目についてはそれなりの結果を得たと評価されている[14]。

2 交渉過程と交渉推進体制

前述したように、日豪 EPA の交渉はステージ1の期間に当たる2007年4月に交渉を開始してから2012年6月まで、計16回の会合が行われた。その後、2012年12月に日本で民主党から自民党へ、2013年9月に豪州で労働党からオーストラリア自由党への政権交代が起こったことによって、事実上、日豪 EPA は中断していた[15]。2014年4月にアボット首相が来日し、4月7日に安倍首相と首脳会談をした後、日豪 EPA は追加交渉なしで2014年4月7日に大筋合意に至った。そして、2014年7月8日に正式に署名され、2015年1月15日に発効された。

日豪 EPA は合意した農産物の自由化水準から見られるように、日本

---

(13) 内閣官房（2011）「包括的経済連携に関する基本方針について（平成23年1月）」。

(14) 服部信司（2015）「TPP 交渉と日米協議」谷口信和・石井圭一（編）『アベノミクス農政の行方：農政の基本方針と見直しの論点』農林統計協会、45頁。

(15) 日本の政権交代直後、豪州のギラード首相より日豪 EPA の妥結への要請（『日豪首脳電話会談』2012年12月28日）があり、日豪両国は2013年6月中に日豪 EPA の妥結を推進したという（『日本経済新聞』2013年6月26日記事）。実際に2006年に日豪 EPA 交渉開始に合意した当時の相手が安倍首相であったこともあり、豪州政府は日豪 EPA に向け交渉を進展させたい狙いがあった（『産経新聞』2012年12月17日記事）。

第8章 制度転換後の最初のFTA

国内への影響を少なくするような結果を得たといえるが、それは農林水産分野の重要5項目の関税の維持を主張してきた自民党の農林部会、国会の衆参農林委員会、農水省の影響を強く反映したものと思われる。その上、日豪両国はTPPの主な参加国であってTPP交渉中に日豪EPAが大筋合意されたので、TPPに関する自民党と国会の決議は、日豪EPAの交渉内容にも影響を与えたと思われる。まず、自民党内の農林部会と国会の衆参農林委員会が日豪EPAの交渉妥結の基本方針を提示し、日豪EPAの農産物の自由化水準の大枠を決めた。自民党の外交・経済連携本部・TPP対策委員会（西川公也委員長）は2013年3月13日に政府のTPP交渉参加を容認し、そこにおいて「農林水産分野の重要5品目などの聖域の確保を最優先し、それが確保できないと判断した場合は脱退も辞さないものとする」という内容を含む「TPP対策に関する決議」を発表した。その後、2013年4月には国会の衆参農林水産委員会（参院農林水産委員会が4月18日、衆院農林水産委員会が4月19日）も、「米、麦、牛肉・豚肉、乳製品、甘味資源作物などの農林水産物の重要品目について、引き続き再生産可能となるよう除外または再協議の対象とすること、10年を超える期間をかけた段階的な関税撤廃も含めないこと」、「交渉にあたっては2国間交渉等にも留意しつつ、自然的・地理的条件に制約される農林水産分野の重要5品目などの聖域の確保を最優先し、それが確保できない場合は、脱退も辞さないものとすること」などの事項を含む「環太平洋パートナーシップ（TPP）協定交渉参加に関する決議」を採択した。日豪EPAの実際の交渉内容を自民党と国会の決議に照らし合わせて見ると、牛肉を除き、他の農林水産品の重要品目は事実上の例外扱いされ、自民党と国会の決議に反していない。そして、自民党と国会の決議では関税の引き下げについて具体的には言及していないものの、牛肉についても関税の削減はあっても関税撤廃はしていない点を考えてみても、自民党と国会の方針が日豪EPAの交渉結果にも反映されたと言える。日豪EPAの大筋合意が行われた直後の4月9日に自民党の外交・経済連携本部と農林水産貿易対策委員会などの合同会

議が開かれたが、日豪 EPA の合意内容について農林族の多くが歓迎したと言われている。森山裕委員長は会議で、日豪 EPA 合意について「党の決議や衆参両院の決議に沿った形」であったと指摘し、西川公也 TPP 対策委員長も「合意の中身を大変高く評価している」と語った[16]。即ち、日豪 EPA の交渉過程で自民党と国会は決議を通じて、日豪 EPA に関する基本方針を提示し、日豪 EPA の大枠を決めたということだろう。

そして、詳細な自由化水準が決まる交渉過程では、ステージ１での日豪 EPA の交渉過程と同じく、分権的な交渉体制が影響を与えたと思われる。日豪 EPA の大筋合意が行われる前に豪州のロブ貿易・投資大臣が来日し、2014年３月26日の午前中に林芳正農水相と農林水産省内で会談し、続いて昼食を取りながら甘利内閣府特命担当大臣（経済財政政策）と内閣府で会談した後[17]、午後に茂木敏充経産相と会談した。会談後、茂木敏充経産相が「交渉加速で一致」したと述べているように、それをきっかけに急速に話が進んだという[18]。その過程で農産物の自由化水準については、農水省の影響が強く作用したと思われるが、それは「甘利大臣とロブ豪州貿易・投資大臣の昼食会終了後の記者会見」での発言によく表れている。それは、農産物の自由化水準、特に牛肉の関税引き下げ率については、農水省と豪州の間で決定されるという内容である[19]。そして、農水省は日豪 EPA の大筋合意が決まった４月７日に「農林水産大臣談話」を通して、農水省が「交渉期限を決めず、粘り強く交渉に取り組んでいた」ことを強調している[20]。

しかし、2007年４月に始まって以来、妥結されていなかった日豪

---

(16) 『産経ニュース』2014年４月10日記事。
(17) 内閣官房（2014）「甘利大臣とロブ豪州貿易・投資大臣の昼食会終了後の記者会見概要（2014年３月26日）」(http://www.cas.go.jp/jp/tpp/pdf/2014/04/20140326%20daijin_kaiken.pdf)（2017年９月30日確認）。
(18) 『日本経済新聞』2014年３月26日記事。

第 8 章　制度転換後の最初の FTA

　EPA がようやく大筋合意まで至った要因は、首相の決断とリーダーシップであったと思われる。特に、第 2 期安倍政権になってから日豪 EPA の締結においては、公式の追加交渉なしに、重要な交渉品目である牛肉と自動車の自由化水準をめぐって政治的な判断だけが残された状態であった。そうした中、2014 年 3 月 26 日に行われた豪州のロブ貿易・投資大臣と甘利内閣府特命担当大臣の会談では、4 月 7 日の日豪首脳会談までに日豪 EPA の交渉を加速させるという点で一致した[21]。その後、実際に日豪首脳会談で日豪 EPA は大筋合意まで至ったのだが、それは首相の政治的な決断とそれを可能にした強いリーダーシップによるものであると思われる。そして、こうした首相の決断をより可能にさせたのは、TPP に関する制度である。まず、「TPP に関する主要閣僚会議」で日豪 EPA 交渉が議論され、交渉の対応が決められた。例えば、10 回目の「TPP に関する主要閣僚会議」が 2014 年 2 月 21 日に開催されたが、

---

(19)　「甘利大臣とロブ豪州貿易・投資大臣の昼食会終了後の記者会見概要」の中で、質疑応答の内容が書かれてあるが、第 1 問の質疑にその内容が含まれている。
　　記者：「午前中、ロブ大臣は林農水大臣と予定よりだいぶ長い間会談をしていたようだが、焦点となっていた牛肉の関税引き下げについては落としどころが決まったように聞いているか」。
　　甘利大臣：「まだそこにはたどり着いていない。ロブ大臣は、林大臣は人間的にはとてもいい人だと言っていた。ただ、交渉結果については着地点には届いていないとのことだった」。
(20)　農林水産省（2014）「豪州との経済連携協定締結交渉の大筋合意について——農林水産大臣談話（平成 26 年 4 月 7 日）」（http://www.maff.go.jp/j/press/kokusai/renkei/pdf/140407-02.pdf）（2017 年 9 月 30 日確認）。
(21)　「甘利大臣とロブ豪州貿易・投資大臣の昼食会終了後の記者会見概要」の中の質疑応答に、日豪 EPA の妥結時期に関する甘利大臣の意向が書かれてある。
　　記者：「来月の首脳会談までにはお互いまとめようということか」。
　　甘利大臣：「お互い、交渉を加速させようということで合意した。もちろん、その時に大筋で妥結することがベストだと思う」。

TPP のみならず、それ以外の EPA 交渉に対する対応も含まれていた[22]。次に、首相の直属スタッフである甘利内閣府特命担当大臣が交渉過程で強い影響を与えた。甘利大臣は TPP 政府対策本部長として TPP 交渉の総責任者であったが、日豪 EPA の締結にも関わった。前述したように、甘利大臣は豪州のロブ貿易・投資大臣と会談して、首脳会談に向けて日豪 EPA の交渉を加速化させるという点を決めたが、TPP 交渉に関する主要なスタッフでありながら、日豪 EPA の大きな方針を決め、その交渉に加わっていた。

政府内の FTA 政策決定過程をまとめると、次のようになる。ステージ 2 での日豪 EPA 交渉においては、自民党の事前審査制度と交渉における共同議長体制がそのまま維持され、ステージ 1 と同じく分権的な交渉体制を持っていた。つまり、自民党と国会が日豪 EPA の基本方針を決め、農産物に関する具体的な交渉内容には農水省の意見が強く反映された。しかし、ステージ 1 とは違い、TPP 交渉に関する制度を日豪 EPA の交渉と連動させ、長い間遅延していた日豪 EPA が締結された。ステージ 1 では分権的な交渉体制によって省庁間の調整問題があったが、ステージ 2 ではその問題を TPP に関する制度を利用して解消できたと思われる。即ち、ステージ 2 では、牛肉の関税引き下げを実現し省庁間の意見を調整するために、首相を中心とした政治的な決断が必要であったが、その過程で TPP 交渉に関する制度が利用された。日豪 EPA も、韓豪 FTA と同じくステージ 1 とステージ 2 の制度構造が絡みあって影響を与えたため、移行期の特徴が見られた。

このような移行期の特徴はそのまま農業団体にも影響を与えたと思われる。交渉再開前から、日豪 EPA の交渉内容について国会と自民党内で活発に議論されたため、農業団体が業界の意見を間接的に反映させる

---

(22) 内閣官房（2014）「TPP に関する主要閣僚会議（第10回）について（2014年 2 月21日）」(http://www.cas.go.jp/jp/tpp/pdf/2014/02/140221_tpp_kakuryokaigo-10.pdf)（2017年 9 月30日確認）。

第8章 制度転換後の最初のFTA

チャネルが設けられた。しかし、その後、集権的なTPP交渉制度を日豪EPAと連動させたことによって農林水産省の関与が希薄になり、これにより農業団体の影響力も低下したと思われる。

4 小括：韓国と日本の比較

1 交渉内容と自由化率

　豪州とのFTAは交渉内容を見ると、両国は豪州への輸出品に対してほぼ100％に近い関税撤廃を成し遂げたが、両国にとって政治的に敏感な農産物の自由化水準は低く押さえるという結果を得た[23]。自動車においては、両国とも豪州に輸出する自動車の中で中小型車の関税は即時に、大型車については3年で撤廃することとなった。そして機械・家電の関税は即時撤廃し、鉄鋼や石油化学製品の関税に関しては、韓国は即時撤廃し、日本は5年以内に撤廃することになった。農産物は、多くの品目で除外され、TRQやセーフガードが適用された。つまり、両国は、国内農業に与える影響を少なくするための交渉を行ったと言える。しかし、一番の争点になった牛肉に関しては違いが見られる。牛肉に関しては、韓国のほうがより自由化率が高いが、米韓FTAとの公平性の問題があり交渉する余地がなかったと言われている[24]。一方、日本の場合、TPP交渉では豪州との連携が多く見られたと言われているが[25]、その点が牛肉関税の大幅引き下げという豪州の要求を抑える要因として作用

---

(23) ほぼ同じ時期に締結された中豪FTA（2014年11月18日妥結）の自由化率は輸入額基準で豪州が100％、中国が97％であった。
(24) チェ・ゼチョン（2014）『한=호주 FTA 의 현안과 진단: 정책토론회의 자료집（韓豪FTAの懸案と診断：政策討論会の資料集）』、6頁。
(25) 『日本経済新聞』2013年6月26日記事。

した。日豪 EPA の締結は日豪両国にとって TPP 交渉で米国から譲歩を引き出す交渉カードになるため、重要であったと考えられる。また、近く、将来により自由化率の高い TPP を締結すれば、牛肉関税の大幅引き下げが可能になるため、豪州が日豪 EPA 交渉では日本に譲歩したとも考えられる。

2　交渉過程と交渉推進体制

　豪州との FTA は韓国と日本両国の政権交代後に最初に結ばれた FTA であり、交渉期間もほぼ同じ時期であったため、二つの FTA 交渉は互いに影響を及ぼし合った[26]。さらに、中国も豪州との FTA を推進しており、韓国と日本の両国では豪州と速やかに FTA を締結する動機が高まっていた。また、韓豪 FTA も日豪 EPA もステージ 1 とステージ 2 の制度構造が絡みあって影響を与えたため、移行期の特徴が見られた。ところが、韓国にとって韓豪 FTA は、米韓 FTA や韓 EU FTA などのステージ 1 での FTA と比べると、自由化水準が低く、相対的に国内政治において問題にならなかった。政治的な反対がなかったため、交渉過程に与える議会の影響力が増加し、分権的な推進体系が見られたにも関わらず、問題なく発効されたと考えられる。一方、日本にとって日豪 EPA は、ステージ 1 で締結した EPA と違い自由化水準が高く、そこで農産物での開放を部分的に図ったため、日豪 EPA をめぐって国内で反対の声があった。その中で、TPP 交渉に関する集権的な制度を日豪 EPA の交渉に利用できたことが、日豪 EPA の締結を後押ししたと考えられる。実際に、ステージ 1 の日豪 EPA 交渉過程と比べて、ステージ 2 では集権的な交渉組織が FTA 交渉における首相のリーダーシップを強めた様相が見られた。

　次章では、ステージ 2 において韓国と日本の政治指導者のリーダー

---

(26)　韓国の『青瓦臺（チョンワデ）の報道資料』、2014年11月21日（http://blog.president.go.kr/?p = 33293）。

シップが再び問われることになった韓中 FTA と TPP の事例分析を行う。これら二つの FTA は、二国が経験した逆方向の制度変化の影響を受けた FTA であると言え、FTA 交渉制度の比較分析が可能となる。

第9章　政治的リーダーシップが再び問われたFTA

1　政治的に敏感なFTA相手国としての米国と中国

　米国は、ステージ2においてもステージ1と変わりなく、FTAで高いレベルの自由化水準を求めていた。例えば、TPPの場合、米国は最初から例外のない完全な関税撤廃という目標を推進した。一方、中国の場合、ステージ1に当たる期間では、戦略的意義を持つ国・地域を優先して中華圏や近隣諸国を相手にFTAを締結してきた[1]。しかし、2013年3月の習近平政権への交代後、中国もFTAに積極的に取り組むようになった。2013年になってからフィンランド（2013年4月15日）、スイス（2013年7月6日）、豪州（2014年11月18日に妥結、2015年6月17日に署名）とFTAを締結したが、これらのFTAにおいて高いレベルの自由化水準を達成した。前述したように、中豪FTAの場合、往復貿易額での85.4％を即時撤廃し、関税が段階的に撤廃されると、自由化率は輸入額基準で豪州が100％、中国が97％に達する。中豪FTAの自由化水準は、2005年1月に発効された米豪FTAの自由化水準（米側96.0％、

　（1）　朱永浩（2014）「中韓貿易構造の変化と中韓FTA――吉林省の事例を中心に」『ERINA REPORT』Vol. 118、環日本海経済研究所、18頁。

第 9 章　政治的リーダーシップが再び問われた FTA

豪側99.9％）[2]とほぼ同じである。つまり、ステージ 2 では中国も米国と同様に高い水準の FTA による自由化を求めていたといえる。このことは、韓国と日本が中国や米国と FTA を締結する際に、政治的に敏感な農産物を開放する必要性が高いことを意味し、交渉前から国内からの強い反発があった。

2　韓中 FTA

1　交渉内容と自由化率

　韓中 FTA の譲許内容を見ると、両国は品目数基準で約90％以上を協定発効後20年間で関税撤廃することに合意した。輸入額基準で、協定の発効後20年間で中国は韓国からの輸入額の約85％（約1371億ドル、品目数基準では約91％）を関税撤廃し、韓国は中国からの輸入額の約91％（約736億ドル、品目数基準で約92％）を関税撤廃することを決定した[3]。その中で、農産物の自由化率は輸入額基準で40％（品目数基準で70％）を20年間で関税撤廃することとし、60％は関税撤廃の対象から除外された。特に、60％の中でもコメ、牛肉、豚肉などの重要農産物の多く（約610品目）を含む30％については関税の引き下げの対象からも除外された。一方、韓国からの輸出品目で自動車、自動車の外板に使われる溶融亜鉛鋼板、エチレングリコールなどの化学製品が自由化対象から外された。そして、中国に輸出される韓国工業製品にかかる関税率は加重平均で3.5％であるが、20年の長期間でその関税が撤廃されるため、発効 3

（2）　内閣官房（2011）。
（3）　10年以内に関税を撤廃させる品目として計算してみると、韓国側が貿易品目数基準で79.2％、輸入額基準で77.2％、中国側が品目数基準で71.3％、輸入額基準で77.2％となった。

年後の関税率は2.9％にしかならず引き下げ幅は小さい。発効後に関税が即時撤廃される品目も韓国の対中輸出総額の3.7％にすぎない[4]。

総合すると、韓中FTAでは敏感な分野である韓国の農産物と中国の自動車、化学製品の一部などが自由化対象から除外され、その上、関税撤廃のための期間も長く、関税の引き下げの除外品目も多い。この自由化水準は、中国にとっても低い水準であるが[5]、韓国にとっても極めて低い水準である。特に、ステージ1で締結された米韓FTAや韓EU FTAの関税撤廃率が100％に近い水準だったことを踏まえると、韓中FTAの自由化率の低さは際立つ。そして、韓中FTAの交渉主体である産業通商資源部が求めていた自由化水準に対しても最終的に合意された自由化水準は低く[6]、韓国国内では国益を最大化できなかったという指摘もある[7]。

2　交渉過程と交渉推進体制

韓中FTAは2012年5月に正式な交渉開始が宣言され、2012年10月まで4回の交渉が行われたが、2012年12月に行われた韓国の大統領選などによって一時的に中断していた。しかし、両国の新政権（韓国の朴槿惠政権：2013年2月、中国の習近平政権：2013年3月）の発足後に再開され、2013年4月に第5回の韓中FTA交渉が行われた。その後、韓中FTAは計9回の正式交渉が追加実施され、2014年11月に事実上妥結され、

（4）『日本経済新聞』2015年6月1日記事。
（5）　例えば、2014年11月18日に妥結した中豪FTAの場合、往復貿易額での85.4％を即時撤廃し、4年から11年にかけて段階的に撤廃することにした。関税が段階的に撤廃されると、自由化率は輸入額基準で、豪州が100％、中国が97％に達する。
（6）　韓中FTAに関する利害関係者へのインタビュー結果を分析した李の研究では、産業通商資源部は高いレベルの自由化水準を、外交部と農林畜産食品部は低いレベルの自由化水準を求めていたという（李ゼホ（2013、94-96頁））。
（7）『忠清日報』2014年11月10日記事。

第9章 政治的リーダーシップが再び問われた FTA

2015年6月に正式に署名された。そして、2015年11月30日に批准同意案が韓国の国会を通過し、2015年12月20日に発効された。

韓中 FTA は2012年5月に交渉を開始してから約2年6カ月の交渉期間で妥結されたが、韓国と中国の政権交代後から計算してみると、1年6カ月の交渉期間で妥結された。韓中 FTA の場合、交渉は2段階に分けて進められたが、第1段階では交渉基本指針（modality）に関する交渉を行い、第2段階では第1段階で決められた交渉基本方針に基づいて具体的な譲歩内容などを決めるための交渉を行った[8]。まず、2013年9月に行われた第7回交渉において第1段階の交渉が終了した。この交渉で交渉原則、枠組み、自由化レベルなどを決定し、品目数基準で90％、輸入額基準で85％の自由化水準に合意した。その後、2014年11月の APEC 首脳会談のために北京を訪問した韓国の朴槿恵大統領は中国の習近平首席と会談し、韓中 FTA が実質的に妥結したと宣言した。2015年6月1日には正式に韓中 FTA が署名された。そして、2015年6月4日に批准同意案が韓国の国会に提出され、2015年8月31日に国会外交統一委員会に上程された後、2015年11月30日に国会の本会議を通過した。ところが、この交渉過程を前述した交渉結果と合わせて考えてみると、交渉が進むにつれて、自由化水準が拡大していったわけではないことが分かる。韓中 FTA の第1段階交渉では自由化率の大枠を決めたが、同時に第2段階の交渉で自由化率を上げる可能性についても合意した。しかし、交渉結果からすると、自由化率は当初の大枠とほぼ変わらず、実質的な自由化水準も低い結果となった。その反面、締結から批准までの過程は迅速に行われた。

韓中 FTA においては、ステージ1での米韓 FTA とは違って、国会の産業通商資源委員会や農林畜産食品海洋水産委員会などの常任委員会と通商関係対策特別委員会などの特別委員会が交渉過程に影響を与えた。

（8） 既存の韓国の FTA では、譲歩案を交換してから、全面的な交渉を行うという「Request/Offer」の方式を取っている（韓国国会図書館（2015、24頁））。

まず、通商手続法の第6条に基づいて、韓中FTAの交渉開始前に通商条約締結計画が策定され、2012年4月23日に国会の外交通商統一委員会に報告された。「韓中FTAの推進計画」の報告は通商手続法が実施される（2012年7月18日）前であったにも関わらず、韓中FTAが国民に与えるであろう影響などを考え、同法の第6条を準用して行われた。「韓中FTAの推進計画」には交渉の目標、推進の妥当性、重要内容、予想争点などが含まれていたが[9]、この「韓中FTAの推進計画」に従って韓中FTA交渉が行われることになり[10]、交渉過程で交渉主体となる行政機関の裁量は制限された。次に、韓中FTAの交渉過程では、常任委員会、特別委員会、予算決算特別委員会で韓中FTAに関する会議が設けられ、交渉主体である産業通商資源部の長官によって報告が行われた。朴政権の発足（2013年2月25日）から交渉の実質的な妥結（2014年11月10日）までの期間だけを計算してみても、常任委員会で11回[11]、特別委員会で2回[12]、予算決算特別委員会で3回[13]、本会議で4回[14]も韓中FTAに関して議論された。会議内容も「韓中FTA交

---

(9) 外交通商部・通商交渉本部（2012）「韓中FTAの推進計画：通商手続法第6条による国会外交通商統一委員会への報告（2012年4月23日）」。

(10) 前述したが、通商手続法第10条は、「政府は通商条約締結計画に従って通商交渉を行わなければならない」と定めている。

(11) 産業通商資源委員会で計5回の会議（第315回第1次会議：2013年4月8日、第315回第5次会議：2013年4月23日、第322回第1次会議：2014年2月14日、第322回第5次会議：2013年2月25日、第326回第4次会議：2013年7月4日）が行われ、農林畜産食品海洋水産委員会で計6回の会議（第315回第6次会議：2013年6月17日、第320回第1次会議：2013年9月11日、第326回第3次会議：2014年7月7日、第326回第3次会議：2014年7月8日、第326回第7次会議：2014年7月15日、第327回第1次会議：2014年7月25日）が行われた。

(12) 通商関係特別委員会第323回第2次会議（2014年3月31日）、通商関係特別委員会第324回第3次会議（2014年4月22日）。

(13) 予算決算特別委員会第315回第2次会議（2013年4月27日）、予算決算特別委員会第320回第4次会議（2013年11月6日）、予算決算特別委員会第315回第2次会議（2013年12月5日）。

第 9 章　政治的リーダーシップが再び問われた FTA

渉の経過に関する報告[15]」や「韓中 FTA 交渉方針に関する質疑[16]」なども含まれ、韓中 FTA と関連した委員会は交渉過程に関して関連省庁の報告を受けた。例えば、2014年 2 月14日に行われた産業通商資源委員会の第322回第 1 次会議では、産業通商資源部の尹相直（ユン・サンジク）長官以下、第 2 次次官、通商次官補、通商交渉室長などが会議に参加して報告を行い、質疑を受けた。同会議で、禹泰熙（ウ・テヒ）通商交渉室長は農林水産業などの敏感な分野を保護しながら輸出利益を確保する方向で交渉に臨んでいることを強調し、2014年 3 月に行われる第10回の韓中 FTA 交渉でも、農・畜・水産業の敏感な分野を保護するために尽力するという交渉方針を述べた。そして、2013年と2014年の国会の国政調査でも、産業通商資源委員会、農林畜産食品海洋水産委員会、外交統一委員会などが中心になって、韓中 FTA 交渉に関して活発な議論が行われた。例えば、2013年の国政調査の場合、産業通商資源委員会では2013年10月14日に「韓中 FTA の交渉過程に関する報告」が、2013年10月17日に「韓中 FTA 交渉指針に関する質疑」が案件として議論された。農林畜産食品海洋水産委員会では2013年10月18日に「韓中 FTA の交渉対応に関する報告」が案件として議論された。外交統一委員会は2013年10月26日に「韓中 FTA の第 1 段階交渉完了に関する報告」を案件として議論した。会議数や会議の内容などを踏まえると、ステージ 1 での米韓 FTA に比べて、韓中 FTA の交渉過程に与える国会の影響力が増加した。即ち、国会は交渉前、交渉中にも韓中 FTA の交渉方針や交渉内容に影響を与え、交渉過程をコントロールすることができた。特に、正式な署名から批准までの期間が短かったというのも、交渉過程で

---

(14)　第320回第13次会議（2013年11月22日）、第322回第 6 次会議（2014年 2 月11日）、第323回第 5 次会議（2014年 4 月 7 日）、第329回第10次会議（2014年11月 4 日）。
(15)　産業通商資源委員会第322回第 1 次会議（2014年 2 月14日）。
(16)　農林畜産食品海洋水産委員会第315回第 6 次会議（2013年 6 月17日）。

国会の意見がすでに反映されていたという証拠であるともいえる。

その反面、韓中 FTA の交渉主体機関である産業通商資源部の裁量は制限され、交渉過程で主体的に行動することはできなかった。韓国側は農業分野を保護するという方針で、中国は自動車、石油などの製造業分野を保護する方針で、韓中 FTA 交渉を行ったが、両国間で交渉案が調整できず遅延していた。特に、韓国の産業通商資源部は農産物を保護するという方針のもとで全ての韓中 FTA 交渉に参加してきたが、その方針は最後の交渉であった第14回交渉（2014年11月4日～9日）前に行われた記者会見にもよく表れていた。その場で、禹通商交渉室長は「農産物市場の開放に対しては譲歩できない[17]」ということを述べた。実際に、第14回交渉でも協定案に含まれる22分野の中で6分野に関しては最後まで意見が調整できなかったが、一番の争点となったのは商品分野での一括妥結案であった[18]。そして、韓中 FTA は産業通商資源部が主導したと言われているものの、産業通商資源部の全体ではなく、第2次官部内に置かれている通商交渉室が主導した。第14回の韓中 FTA 交渉では尹産業通商資源部長官が交渉団を率いたが、それを除き、政権交代後に実施されたすべての交渉には産業通商資源部の禹通商交渉室長が首席代表として参加した。つまり、ステージ1での FTA と違い、交渉団体の組織規模は縮小され、大統領の直属スタッフではなく官僚が主導して韓中 FTA 交渉は進められた。

ところが、最終的な自由化水準が極めて低く、議会によって事前に韓中 FTA の交渉内容が検討され、FTA 交渉締結の妥当性が確保された状況の中でも、交渉が遅延された理由として考えられるのは、ステージ2で交渉主体組織が縮小され、外交部と産業通商資源部の間で協調が必要となる分権的な構造を持つようになっていたからであると考えられる。このような分権的な交渉体制のため、韓中 FTA 交渉は効率的に進める

---

(17) 『経済トゥデイ』2014年11月10日記事。
(18) 韓国国会図書館（2014年、37頁）。

第9章　政治的リーダーシップが再び問われたFTA

ことができなかった。しかし、韓中FTAは韓国にとって政治経済的に重要であり、締結が急務になっていた[19]。そうした中で、ステージ1のFTAと違って、韓中FTA交渉過程ではFTAに関する交渉制度を上手く利用できず、韓国の朴大統領が交渉過程に直接関与する姿勢を見せた。実際に、韓中FTA交渉が暗礁に乗り上げるたびに、決定的な突破口を切り開くきっかけになったのは、韓中の首脳会談であった。例えば、第一段階交渉で進展がなかった時に、韓中FTA交渉を次の段階に進展させたきっかけになったのは、2013年6月の首脳会談後に発表された「韓中の未来ビジョン共同声明」であった[20]。その共同声明には、「韓国と中国の交渉団は交渉を速やかに次の段階に進展させるよう努力を強化する」という内容が入っており、実際に3カ月後には第一段階交渉が終了した。その後も、3回の首脳会談で韓中FTAに関する議論が行われたが、2014年3月の首脳会談では早期妥結に合意し、2014年7月と10月の首脳会談では韓中FTAの年内妥結に合意した[21]。特に、第14回韓中FTA交渉では最後まで両国の交渉団が意見を調整できなかったが、韓中首脳会談があと2時間にせまったところで妥結することができた。その交渉妥結の要因は韓国の朴大統領と中国の習首席の政治的な決断にあると言われている[22]。

　まとめると、ステージ1での韓国のFTAに比べて、交渉過程に与える議会の影響力が増加し、分権的な交渉過程が見られた。まず、産業通

---

(19)　産業通商資源部（2013b）、6頁。
(20)　『亜洲経済』2014年11月10日記事。
(21)　韓国国会図書館（2014、25頁）。
(22)　『亜洲経済』2014年11月10日記事。2014年11月に韓中FTAが実質的に妥結された時に、当時野党であった新政治民主連合の柳基洪（ユ・ギホン）首席スポークスマンは国会のプレス・ブリーフィングで、朴大統領が首脳会談に合わせて韓中FTAを早急に妥結したと批判した（『連合ニュース』2015年11月10日記事）が、このような反応から見ても、韓中FTAの実質的な妥結において大統領の政治的な決断があったことが推測できる。

商資源委員会、農林畜産食品海洋水産委員会などの常任委員会を中心に韓中FTAが活発に議論されて、関連省庁は定期的に議会で報告を行った。その過程で、韓中FTAの交渉方針などに関する議会のコントロールがあり、それによって交渉主体である産業通商資源部の裁量は制限された。特に、韓中FTAは、韓豪FTAとは違って、通商手続法の第6条が適用されて交渉前から議会のコントロールが強く効いていた。次に、ステージ1で交渉主体であった通商交渉本部が強い権限を持っていたことに比べて、FTA交渉に与える交渉機関の影響力が縮小された。しかし、憲法で条約締結権が担保されている大統領の権限は依然として強く、韓中FTAが妥結された要因となった。

　このような政府内の分権的な制度構造により、農業団体がFTA交渉過程に影響を与えうるチャネルが増えた。韓中FTAの交渉前からFTA締結後まで一貫して、公聴会や「通商交渉民間諮問委員会」、「通商産業フォーラム」が開かれ、そこで農業団体が意見を述べることができた。まず、ステージ1の米韓FTA交渉では公聴会は機能しなかった一方で、ステージ2の韓中FTAでは、通商手続法第7条により公聴会の開催が義務化され、交渉前の2012年2月24日に公聴会が開かれた[23]。公聴会の開催を受け、利益団体との国内交渉を慎重に進めていくことが韓中FTA交渉前に表明されるなど[24]、利益団体の実質的な影響力が強化された。次に、「通商交渉民間諮問委員会」が通商手続法第21条に

---

(23)　公聴会が開かれた2012年2月24日は、朴槿恵政権の発足前であって、通商担当組織は米韓FTAと同じく、通商交渉本部であった。しかし、2012年1月に制定され7月から施行される予定であった公聴会の義務化に関する通商手続法を韓中FTAにも準用することになり、韓中FTAをめぐり外交通商部主催で公聴会が開かれた。

(24)　当時の通商交渉本部の朴泰鎬（パク・テホ）は、交渉前に韓国のラジオ番組に出演し、公聴会での議論などについて説明し、利益団体との国内交渉を慎重に進めていくことを明らかにした（『CBSラジオ、時事ジョッキー　鄭寛容（チョン・グァニョン）です』2012年3月26日放送）。

第 9 章　政治的リーダーシップが再び問われた FTA

よって設置され、韓中 FTA の交渉開始から署名までの期間中に 6 回[25]開催され、韓中 FTA に関して議論された。こうした中で、農業団体の意見を尊重して韓中 FTA を進められてきたことは、2015 年 5 月 20 日に開かれた「第 6 回通商交渉民間諮問委員会」での産業通商資源部の尹長官の発言から明らかである。その場で尹長官は、「国内交渉では農業界とのコミュニケーションをとるための努力をしており、それに対して産業界から不満があるくらいであった」と述べている[26]。最後に、「通商産業フォーラム」が 2013 年 5 月 23 日から産業通商資源部内で開かれるようになったが、韓中 FTA の交渉中に開かれた「第一次通商産業フォーラム」では、韓中 FTA 交渉で農漁業などの敏感な分野を保護する方針を明示した[27]。

3　TPP

1　交渉内容と自由化率

TPP は 2010 年 3 月に例外のない完全な関税撤廃を目標に、米国の主

---

(25)　第一次通商交渉民間諮問委員会（2012 年 11 月 23 日）、第 2 次通商交渉民間諮問委員会（2013 年 5 月 3 日）、第 3 次通商交渉民間諮問委員会（2013 年 9 月 6 日）、第 4 次通商交渉民間諮問委員会（2014 年 4 月 4 日）、第 5 次通商交渉民間諮問委員会（2014 年 11 月 26 日）、第 6 次通商交渉民間諮問委員会（2015 年 5 月 20 日）。

(26)　『第 6 次通商交渉民間諮問委員会（제6차통상교섭민간문위원회）』（産業通商資源部の動画ニュース、2015 年 5 月 28 日）（http://www.motie.go.kr/motie/ne/motienewse/Policyvideo/bbs/bbsView.do? bbs_seq_n＝77971&bbs_cd_n＝41）。

(27)　「貿協―産業部、初の産業フォーラムの共同開催」（韓国貿易協会 FTA 総合支援センターの FTA ニュース、2013 年 5 月 23 日）（http://okfta.kita.net/dataRoom.do?method＝viewFtaNews&idx＝29961&pageNo＝1）。

導で交渉が始まった。特に、シンガポール、ニュージーランド、チリ、ブルネイの4カ国で発足した TPP 4 (Trans Strategic Economic Partnership Agreement: TPP) を基礎にして、米国、豪州、ペルー、ベトナムを加えた8カ国で交渉が開始された。同年10月に開かれた第3回会合でマレーシアが交渉に加わり、計9カ国になった。その後、2012年にメキシコ、カナダが既存の TPP 参加9カ国の支持を得て、2012年11月に正式に交渉に参加した。日本は2013年3月に安倍首相が交渉参加を表明し、同年7月23日に正式に交渉に参加した。その後、数回の TPP 首席交渉官会合、TPP 閣僚会合、TPP 首脳会合が開かれた後、2015年10月5日に TPP 交渉の参加12カ国は、米ジョージア州アトランタで開かれていた閣僚会合で大筋合意した。現在、各国の批准だけが残されている状態であるが、TPP は速やかな発効のために署名より2年が経った後には、域内 GDP 合計の85％以上を満たす6カ国の批准がある場合、当該国家間で協定が発効できるように設定されている。

　TPP の譲許内容を見ると、関税は即時撤廃から最長30年の段階的撤廃を通して、最終的に95％～100％（品目数基準で日本が95.1％、米国が100％）の自由化レベルを達成することに合意した。当初、例外のない完全な関税撤廃を目指してきた TPP 交渉であったが、最終的には各国の政治的な敏感性を反映する方向で交渉内容が決まった。工業製品は、豪州とメキシコ以外の10カ国は長期・短期に渡って関税を100％撤廃することになったが、豪州（99.8％）、メキシコ（99.6％）は一部の品目に関して例外を認められた。農業製品は、日本以外の11カ国は農林水産物の98.5％の関税を撤廃することになったが、日本は輸入する農林水産物（2328品目）の中で一部の例外を認められ、最終的に81％（品目数基準）の関税を撤廃することになった[28]。

　日本の自由化水準を具体的に見ると、農林水産物と工業品を合わせた

---

(28)　協定発効時に即時撤廃される農産品の割合は51％である。

第9章　政治的リーダーシップが再び問われたFTA

日本の全貿易品目（9018品目）のうち10年以内に関税を撤廃する割合を示す自由化率は95.1％となり、日本が結んだ貿易協定の中で最も高い比率となった。特に、TPPの市場開放交渉の中軸をなした日米間の自動車と農産物の自由化率は、次のように決定された[29]。まず、自動車分野については、日本製自動車部品にかかる米国の関税のうち、輸出額ベースで全品目の81.3％が協定発効時に即時撤廃される。完成車の関税は、乗用車（2.5％）が発効後25年目、トラック（25％）が30年目で撤廃されることになった[30]。農産物については、日本が関税を撤廃したことのない834品目の約半数の395品目で関税を撤廃する。高関税で保護してきた麦、乳製品、甘味資源作物（砂糖）、コメ、牛・豚肉の重要5項目の586品目では、輸入品が大半を占める牛タンなど174品目で関税が撤廃されるが、過去に関税を撤廃したことのない品目が含まれるため輸入の門戸を大きく開くことになった。より詳しく見ると、次の通りである。大麦と小麦に関しては、事実上の関税に当たる「輸入差益」を9年目までに45％削減する。バターや脱脂粉乳は優遇輸入枠を設定し、生乳換算で発効当初は6万トンから始め、6年目以降に7万トンとする。砂糖関連ではココア調整品などに一定の無関税枠を設ける。コメについては、米国産と豪州産のコメを無関税で輸入する枠を新設し、13年目以降に計7万8400トンに広げる。TPPで一番の焦点になった牛肉は、ハラ

---

[29]　TPPにおいて一番の争点になったのは知的財産権、環境、国営企業などの規制分野においての先進国と途上国の間の対立と日米間の農産物と自動車の自由化率に関する対立であった。ところが、豪州とニュージーランド（2012年2月22日—25日に開かれたTPP閣僚会議、シンガポール）が「市場開放分野での利益がどの程度かを見て、規制分野に対する最終的態度を決める」と述べるなど、TPP交渉全体の焦点になったのは、農産物と自動車についての日米協議であった（服部信司（2015、36頁・43頁・50頁））。

[30]　米国以外の乗用車の輸入関税は、カナダ（6.1％）は発効後5年目、豪州（5％）は即時撤廃され、ベトナム（排気量3000cc超、最大70％弱）は発効後10年目に撤廃される。

ミなどの牛内臓と牛タンの場合、現在12.8％である関税を初年度は6.4％に半減し、牛内臓は13年目に、牛タンは11年目にそれぞれ撤廃する。牛肉の関税は現在の38.5％から16年目以降に9％にする。豚肉は安い価格帯で1キログラム482円の関税を10年目以降に50円に引き下げる。

　総合すると、日本が過去に結んだFTAの自由化率を大幅に上回る水準である。そして、農産物についても、「聖域」であると言われ日豪EPAでも事実上関税撤廃の例外扱いされた農産物の重要5項目での関税撤廃と大幅な関税の引き下げが行われた。

2　交渉過程と交渉推進体制

　TPPは、日本が2013年7月に交渉に正式参加してから2年2カ月弱の交渉期間を経て大筋合意されたが、事実上の日米FTAとも言われているように、農産物重要品目と自動車をめぐる日米協議がTPP全体の焦点になった2014年2月[31]以降から計算すると、大筋合意までは1年7カ月弱の期間で交渉が行われた。日米協議の経過を詳しく見ると、争点化した後の2014年3月25日の日米首脳会談でTPP大筋合意を目指して交渉を加速することに合意し、同年4月の首脳会談では日本の農産物重要品目の交渉の進め方における重要な合意である「方程式合意[32]」が決定された[33]。「方程式合意」とは、農産物での完全な関税撤廃を前提にしないという意味を含んでいるが、この決定によりTPP全体交渉もより積極的に進められるようになった。それ以降の日米協議では、この「方程式合意」に基づいて、牛肉、豚肉のセーフガード発動基準を中

---

(31)　服部信司（2015、50頁）。
(32)　「方程式合意」というのは関税率、関税撤廃期間、セーフガードの発動基準など、いくつかの「要素」とその組み合わせで決着を図るという合意である。たとえば、関税の引き下げ幅が大きければ、撤廃期間は長くし、逆に引き下げ幅が小さければ期間は短くするというように、それぞれの「要素」の関係はトレードオフである。
(33)　服部信司（2015、48頁）。

第 9 章　政治的リーダーシップが再び問われた FTA

心に議論が行われた[34]。例えば、2014年7月14日から15日にかけて行われた日米協議では、「方程式合意」に基づく議論が進み、日米両国は10月にすべての TPP 交渉国に対し、日米2国間の市場アクセス交渉についての詳細を開示することを約束したという[35]。2014年11月には米国中間選挙、貿易促進権限（Trade Promotion Authority: 以下、TPA）法案の通過などをめぐって、米国の国内情勢が不安定になったが、2015年4月16日に TPA 法案が米国議会に提出され、2015年7月3日に可決されたことにより、TPP 交渉が加速し[36]、その後、2015年10月5日に TPP 交渉は大筋合意に至った。2016年2月4日には TPP は参加12カ国によって正式に署名されたが、日本は2016年12月9日に TPP 協定署名国の中で最も早く批准した。ところが、2016年11月8日に公約として TPP 脱退を挙げていた共和党の大統領候補のドナルド・トランプ（Donald John Trump）氏が米国の新大統領として選出され、就任後の2017年1月20日には米国の TPP 脱退を公式に宣言した。2017年6月時点では、米国を除く11カ国を対象にする TPP 協定の発効が議論されている。実際に、2017年5月21日にベトナムのハノイで開かれた TPP 閣僚会議では、早期発効を目指すことが米国を除く参加国の間で合意された[37]。結果的に見ると、TPP における日本の関税撤廃率は、他の交渉参加国と比較して相対的に低いものの、これまで日本が締結してきた FTA と比べると、自由化水準は日豪 EPA より高く、さらに農産物重

---

[34]　服部信司（2015、50-51頁）。

[35]　『Inside U.S. trade's』2014年7月17日記事。

[36]　2015年4月19日から21日まで行われた日米協議では、米国側から交渉の初日に TPA 法案の審議が順調に進んでいるという説明があったという。そして、その時点で、日米間の交渉も最終局面に向かっていた状態であったという（内閣官房（2015）「甘利内閣府特命担当大臣記者会見要旨、2015年4月21日」（http://www.cao.go.jp/minister/1412_a_amari/kaiken/2015/0421kaiken.html）（2017年9月30日確認））。

[37]　『朝日新聞』2017年5月21日記事。

要5品目の一部に関して関税の撤廃または大幅の引き下げが行われた。これらが実現した交渉過程を見てみると、日本は米国と同じく早期妥結に向かって迅速に対応し、署名から批准までも他の署名国と比べて最も早かった。こうした迅速さに日本の政策決定制度はいかに作用したのであろうか。

　TPP に関する自民党の外交・経済連携本部 TPP 対策委員会の決議（2013年3月13日）と国会の衆参農林水産委員会の決議（参院農林水産委員会が2013年4月18日、衆院農林水産委員会2013年4月19日）が採択されたが、日豪 EPA の場合と同じく、それが TPP 交渉全体の基本方針になった[38]。実際に、政府は TPP 交渉中にも国会の衆参農林水産委員会の決議に基づいて交渉に臨むことを繰り返して強調し、TPP の大筋合意後にも農産物で「聖域」に当たる品目を守り抜いたと発表した[39]。自民党と国会の決議で原則的に反対したのは関税撤廃であって、関税の引き下げは容認したと解釈するのならば、TPP の交渉内容は自民党と国会の決議には反していないといえる。しかし、関税の引き下げなどの面からすると、農産物での実質的な自由化率は大きく上がり、自民党と国会の決議が日豪 EPA ほど交渉過程に反映されたとは言い難い。そして、日豪 EPA の妥結後、自民党内の農林部会などは基本方針をより明確にしたが、それに基づいて考えると、自民党の農林族が交渉過程に強い影響を与えたともいえない。日豪 EPA の大筋合意後に農林部会、農林水産戦略調査会、そして農林水産貿易対策委員会は合同会議を開いて

---

(38)　本書の「第8章第3節」にある「日豪 EPA（交渉再開以降）」に自民党と衆参農林水産委員会の決議について詳細に記述したため、ここでは省略する。
(39)　甘利大臣は、2015年10月5日の TPP 大筋合意後に行われた記者会見で、政府は「衆参農林水産委員会の決議をしっかりと受け止め、我が国の国益を守るべく全力で交渉にあたってきた」、「重要5品目の多くの品目については、関税撤廃はしないということを確保した」などと発言をした（内閣官房（2015）「甘利大臣による記者会見の概要、2015年10月5日」（http://www.cas.go.jp/jp/tpp/pdf/2015/10/151005_daijin_kaiken.pdf）（2017年9月30日確認））。

第 9 章　政治的リーダーシップが再び問われた FTA

　TPP 交渉に関する決議を整理した。この合同会議で、日豪 EPA の大筋合意が「ぎりぎりの越えられない一線（レッドライン）」であるとし、牛肉関税の大幅な引き下げには応じられないとの立場を明らかにした[40]。即ち、TPP 交渉過程で自民党と国会は決議を通じて TPP 交渉の大枠を決めたとはいえるが、農産物の実質的な自由化水準を考えてみると、日豪 EPA とは違い、農産物での大幅な市場開放を許した。つまり、自民党内の農林部会の意見はそのまま交渉に反映できず、TPP 交渉に影響を与えられなかった。

　一方で首相のリーダーシップが、TPP 交渉への参加から交渉妥結まで一貫して発揮されたのは、それを可能にする集権的な交渉体系によって交渉が進められたからであった。自民党政権は「聖域なき関税撤廃」を前提とするならば TPP 交渉に参加することに反対するという公約を挙げて、2012 年 12 月の衆議院選挙で勝利し、政権交代を果たした。そのため、自民党にとって TPP 参加とそれによる農産物の関税撤廃は大きなリスクを冒すことになり、TPP 交渉参加に対する自民党内の反対の声が大きかった。実際に、TPP 参加に反対する自民党議員は「TPP 参加の即時撤回を求める会」を 2013 年 1 月に結成したが、そこには茂木敏充経済産業相なども参加し、会員数は 203 人となり、党所属議員の過半数に達した[41]。そのような中、安倍首相は 3 月 15 日に TPP 参加を表明したが、その決断は首相の党内調整により可能になったと言われている[42]。そして、首相は経済財政諮問会議を効率的に利用し、TPP の交渉体制や進め方などを決定した。交渉開始前の 2013 年 2 月 28 日には、「TPP について」を議題として第 5 回経済財政諮問会議を開いたが、そ

---

(40)　『日本経済新聞』2014 年 4 月 11 日記事。
(41)　『日本農業新聞』2013 年 1 月 23 日記事。政府の TPP 交渉参加を受け、「TPP 参加の即時撤回を求める会」は、2013 年 3 月 22 日に会合を開き、会の名称を「TPP 交渉における国益を守りぬく会」に変更した（『日テレ NEWS24』2013 年 3 月 22 日）。
(42)　『産経新聞』2013 年 3 月 15 日記事。

の場で、安倍首相は政府一丸となって強いチームを編成することを表明した。そして、TPP大筋合意後の2015年10月16日にも、第16回経済財政諮問会議を開き、TPPの大筋合意に関する報告、TPP対策推進本部の発足などについて議論した。選挙制度の改革による首相の権限強化や、経済財政諮問会議による基本方針の設定などはステージ1の時期でも表れるが、ステージ2ではより効率的に機能したと思われる。

　ところが、首相の強いリーダーシップを交渉過程で具体的に発揮できるようにした最大の原因は、TPPに関する集権的な交渉体制であった。まず、「TPPに関する主要閣僚会議」がTPP参加国間で行われる「TPP閣僚会合」と連動して開催され、交渉の基本方針について議論された。例えば、2014年2月にシンガポールで開かれたTPP閣僚会合の前の2014年2月21日にTPPに関する主要閣僚会議が開催された。安倍首相は、その会議でTPPは「国家百年の計」、成長戦略の柱であるとしつつ、甘利大臣を始め、交渉チームが一丸となって、国益を実現していくべきであるという発言をした。TPPに関する主要閣僚会議は、署名後にもTPP政策決定過程を主導した。2016年10月7日には第16回TPPに関する主要閣僚会議が開かれたが、「TPPに関する国内外の情勢について」が議題として挙げられ、国内外の情勢を踏まえ、国会での早期の協定承認、整備法案の成立について議論され[43]、その後の2016年12月9日に日本の国会でTPPが批准された。また、「TPP協定の締結および今後の対応等について」を議題とする第17回TPPに関する主要閣僚会議が2017年1月20日に開かれたが、TPP協定の発効に向けて関係国との連携を強めることと、米国に対してもTPPの戦略的・外交的意義を強く伝える必要があることなどについて議論された[44]。2017年5月30日の第18回TPPに関する主要閣僚会議では、「ハノイで

---

(43)　内閣官房（2016）「TPPに関する主要閣僚会議（第16回）の開催について、2016年10月7日」（http://www.cas.go.jp/jp/tpp/torikumi/pdf/161007_tpp_kakuryokaigi16_giji.pdf）（2017年9月30日確認）。

第 9 章　政治的リーダーシップが再び問われた FTA

の TPP 閣僚会合の結果報告」が議題になったが、その会議で安倍首相は「石原伸晃経済再生担当大臣を中心に関係閣僚が一丸となって11カ国の議論を主導する」ように呼び掛けた(45)。次に、「TPP 政府対策本部」と直属スタッフである甘利大臣が TPP 交渉過程、特に日米協議に関して、強く影響した。日米協議が加速するために最も重要な合意であった「方程式合意」の交渉過程を見ると、その点が明らかになる。大江首席交渉官代理とカトラー米次席通商代表代行が協議（2014年3月27-28日）した後、甘利大臣とフロマン米国通商代表の間で日米閣僚級会議（フロマン通商代表の訪日、2014年4月9-10日）が行われた。その会議では農産物の「重要5品目」と自動車に関する日米双方の立場などについて意見交換を行った(46)。その後、日米閣僚級会議（甘利大臣の渡米、2014年4月16-18日）が再度行われ、日米間の残された懸案事項である農産品の「重要5品目」と自動車について協議が行われた。最後に、オバマ大統領の訪日の際に首脳会談（2014年4月24日）が行われた後、この「方程式合意」が決められた。このように日米協議で政治的な判断が必要な場合、実務レベルでの協議、閣僚間の協議、そして首脳会談を経て決定が行われた。そして、TPP が大筋合意した4日後の2015年10月9日には、「TPP 総合対策本部」が「TPP 協定の実施に向けた総合的な政策の策定等のため」に新設された(47)。2015年11月25日に開かれた第2回会合では、「総合的な TPP 関連政策大綱」が採択され、それにより

---

(44)　内閣官房（2017）「TPP に関する主要閣僚会議（第17回）の開催について、2017年1月20日」(http://www.cas.go.jp/jp/tpp/torikumi/pdf/170120_tpp_kakuryokaigi17_giji.pdf)（2017年9月30日確認）。

(45)　内閣官房（2017b）「TPP に関する主要閣僚会議（第18回）の開催について、2017年5月30日」(http://www.cas.go.jp/jp/tpp/torikumi/pdf/170530_tpp_kakuryokaigi18_gaiyo.pdf)（2017年9月30日確認）。

(46)　内閣官房（2014）「TPP 交渉における日米協議の概要、2014年4月10日」(http://www.cas.go.jp/jp/tpp/pdf/2014/04/140410_gaiyou.pdf)（2017年9月30日確認）。

TPP関連政策全般に関する基本方針、とりわけ農林水産分野での対策などが決められた[48]。以上の議論をまとめると、次の通りである。TPPでの農産物の自由化率に関して、国会と自民党は決議によってTPP交渉の大枠を提示したが、実質的な自由化水準を見ると、その決議に完全に沿った結果になったとは言いがたい。TPP交渉は日本政府によって速やかに進められたが、それは首相を中心とした集権的な交渉体系に起因する。ステージ1における日豪EPA交渉時には分権的な交渉制度が取られたのに対し、TPP交渉時に取られた交渉制度は集権的なものであった。特に、日米協議では、国内政治的に両国において一番敏感な問題である農産物と自動車の自由化水準が交渉されたが、その協議は「TPP政府対策本部」を基盤とし、実務レベルで大江首席交渉官代理、閣僚レベルで甘利大臣、そして安倍首相に繋がる集権的な構造の交渉体制によって進められた。つまり、TPP交渉に関して、日本政府は集権的な交渉制度を作り、それによって農林水産省と自民党農林部会の影響力をコントロールすることができた。特に、集権的な交渉制度を作ることによって、議員の官僚に対する相対的な影響力を低下させたと言える。

このような政府内の制度構造の集権化により、農業団体がFTA交渉過程に影響を及ぼしうる経路は少なくなったと言える。その結果、JA全中・農林族・農林水産省は、いわゆる「下位政府」[49]、「農政トライ

---

(47) 内閣官房（2016b）「TPP（環太平洋パートナーシップ）総合対策本部の設置について、平成27年10月9日閣議決定」（http://www.cas.go.jp/jp/tpp/pdf/2015/11/151009_tpp_kakugi.pdf）（2017年9月30日確認）。

(48) 内閣官房（2015）「総合的TPP関連政策大綱（平成27年11月25日TPP総合対策本部決定）」（http://www.kantei.go.jp/jp/topics/2015/tpp/20151125_tpp_seisakutaikou01.pdf）（2017年9月30日確認）。

(49) Mulgan, A. G. (2008), "Japan's FTA Politics and the Problem of Agricultural Trade Liberalization Preview," *Australian Journal of International Affairs*, Vol 62 (2), pp. 164-178. 172).

第 9 章　政治的リーダーシップが再び問われた FTA

アングル」[50]と呼ばれるほどの大きな影響力を TPP 交渉の政策決定過程で発揮することができなかった。また、TPP 交渉中に全国農業協同組合中央会（以下、JA 全中）の解体などを含む農政改革が進められたことも農業団体の影響力の低下に寄与した。農政改革により JA 全中は、2015 年 2 月 9 日に「全中の監査・指導権をなくし、2019 年 3 月末までに一般社団法人に転換する」ことを受諾することになり[51]、日本の農業団体を統率する JA 全中という組織自体がなくなることが決まった。

4　小括：韓国と日本の比較

1　交渉内容と自由化率

韓中 FTA の場合、韓国が今まで結んできた FTA の中でも自由化水準が極めて低い。そして、韓国にとって政治的に敏感な分野である農産物の多くが自由化対象から除外され、その上、関税撤廃の期間も長く、関税の引き下げの除外対象も多い。一方、TPP は過去に日本が結んだ FTA の自由化率を大幅に上回る水準である。そして、農産物についても、「聖域」であると言われた農産物の重要 5 項目での関税撤廃や大幅な関税の引き下げなどが行われた。交渉全体の自由化水準を比較すると、韓中 FTA より TPP のほうが自由化水準は高く、両国にとって政治的に敏感な分野である農産物の自由化水準も TPP のほうが高い。特に、米韓 FTA でも例外扱いされたコメに関して、TPP では米国産と豪州産だけであれ、無関税での輸入枠を新設したことが特徴的である。

---

(50)　山下一仁（2009）『農協の大罪——「農政トライアングル」が招く日本の食糧不安』宝島社。
(51)　『日本経済新聞』2015 年 2 月 9 日記事。

2　交渉過程と交渉推進体制

　韓中 FTA の場合、最後の交渉まで争点分野に関して意見を調整できずに難航し、低い自由化レベルの FTA にとどまった。特に、交渉過程に与える議会の影響力が増加した一方で交渉主体である産業通商資源部の権限が縮小したことによって、交渉過程で分権的な制度構造が表れた。これにより、農業団体が FTA 交渉過程に影響を与える公式の経路も増えた。一方、日本の TPP の場合、日本は米国と共に TPP 交渉を主導して速やかに交渉が進められたが、それは首相を中心とした集権的な交渉体系に起因する。つまり、日本政府が TPP に関して集権的な交渉組織を作ったことで、農林水産省と農林部会の影響力をコントロールすることが可能となった。これにより、日本の農業団体が FTA 交渉過程に影響を与える経路が減り、さらに JA 全中の解体によって政治的リソースを失ったことがこれに追い打ちをかけた。まとめると、ステージ 1 に比べてステージ 2 では、韓中 FTA はより分権的な交渉体系によって、また日本の TPP はより集権的な交渉体系によって進められた。

　ところが、両国の FTA 推進体系の変化は一連の制度変化に基づくものであり、政策推進での効率性と公平性の間の均衡を模索する過程として把握することができる。韓国の場合、ステージ 1 で FTA 政策推進の効率性を追求して集権的な交渉体制を形成したが、その結果、政策推進での公平性の問題が生じたことが後の分権的な交渉体制に反映されていると考えられる。その反面、日本の場合、ステージ 1 における分権的な交渉体制による FTA 政策推進の非効率性を反映して、制度が変化したと考えられる。

終　章
日韓のFTA政策の変化と制度内生性の可能性

1　事例研究の検討

　第二部の日韓FTA政策の比較事例分析を通じて、FTA政策推進体制とFTA政策の関連性に関する本研究の仮説が検証された。第二部で扱った諸事例を本研究で提示した分析枠組みに沿う形で分類したのが、**表10-1**である。そこでは、韓国と日本のFTA政策決定過程における制度の違いが両国の政治指導者（韓国では大統領、日本では首相）のリーダーシップに影響を与え、結果的にFTA政策の推進に違いをもたらす、という点が明らかになった。米韓FTAやTPP交渉で見られたように、FTA政策推進体制が集権的な場合、政治指導者は直属のスタッフや機関を形成してFTA交渉へのイニシアティブを取り、その結

表10-1　日韓FTA交渉と類型化

			FTA政策推進体制			FTA政策推進体制
韓国のFTA	ステージ1	韓チリFTA	分権	日本のFTA	日チリFTA	分権
		米韓FTA	集権		日豪EPA（交渉開始～一時中断）	分権
	ステージ2	韓豪FTA	限定的な分権		日豪EPA（交渉再開以降）	限定的な集権
		韓中FTA	分権	ステージ2	TPP	集権

159

終　　章　日韓の FTA 政策の変化と制度内生性の可能性

果、FTA 交渉を促進することが可能になり、自由化率の高い協定が締結できた。一方で、韓中 FTA やステージ 1 の日豪 EPA で見られたように、FTA 政策推進体制が分権的な場合、政治指導者は FTA 交渉でリーダーシップを発揮することができず、FTA 交渉が停滞するか、締結されたとしても自由化率が低いものとなった。ただし、韓豪 FTA とステージ 2 での日豪 EPA の場合、ステージ 1 とステージ 2 の制度構造が絡みあって影響を与えたため、移行期の特徴が見られた。韓豪 FTA の場合、交渉と締結後の批准を担当する省庁が異なり、分権的な体制になっていたが、ステージ 2 の段階で残された争点が少なく、交渉期間も短かったため、交渉制度の分権化による影響が制限された。また、韓豪 FTA は、ステージ 1 ですでに推進された FTA 交渉であったため、国会による介入も限定的であった。また、ステージ 2 の日豪 EPA の場合、集権的な TPP 関連交渉制度が締結に至った大きな要因になったが、分権的な交渉体制が依然として残存していた。

2　終わりに

本研究では、韓国と日本が国内的・国際的に類似した状況の中に置かれているにも関わらず、FTA 政策に実質的な違いがあることを解明し、両国の FTA 政策の違いは両国の政治・行政制度の違い、そして制度間の相互作用に起因することを検証した。その中で、韓国と日本の FTA 政策に関する政治・行政制度の変化を時系列に分けて考察した。韓国の場合、ステージ 1 では集権的な制度構造を持っていたが、ステージ 2 では分権的な制度構造へと変化した。日本の場合、逆に、ステージ 1 では分権的な制度構造を持っていたが、ステージ 2 では集権的な制度構造に変化した。本研究では、これらの両国の制度変化の動きを政策推進における効率性と公平性のバランスの模索という点で捉えた。韓国の場合は、FTA 政策推進における効率性を追求してきたあまり、手続き上の正当性、透明性などの問題が起こり、分権化へと制度変化が生じたと考えられる。日本の場合は、積極的な FTA 推進を表明したにも関わらず

終　　章　日韓のFTA政策の変化と制度内生性の可能性

FTA拡大が停滞していた状況において、政策推進を効率化させることを目指して集権的な制度へと変化したと考えられる。また、日韓のFTA政策での制度変化をもたらした主なアクターは政治指導者であり、それは憲法から与えられた権限に基づくものであると考えられる。

　本研究が日韓のFTA研究に果たす貢献は次のように整理できる。まず、既存の研究で看過されてきたFTA政策に影響を及ぼす政治制度と行政制度および制度間の相互作用という観点から、韓国と日本を比較しながらFTA政策を実証分析した。FTA政策の国内政治要因を検討した先行研究は、アクター自体に焦点を当てた研究とそのアクターの行為を促進または制約する制度に焦点を当てた研究に分けられるが、これらの先行研究の多くが制度を所与の条件と見なし、利益団体、官僚、大統領または首相などの特定のアクターがFTA政策に影響を及ぼすことを前提として、FTA推進過程を説明している。また、制度に焦点を当てている先行研究も、FTA政策で見られる両国の制度的な相違を記述することに留まり、精緻な実証分析を行ってこなかった。これに対して、本研究では、政治制度と行政制度の相互作用によって構成されたFTA政策推進体制の時系列的な変化によって、ステージ1とステージ2における日韓のFTA政策の実質的な政策決定者が変化することを指摘した。韓国の場合、ステージ1では大統領を中心として大統領直属の通商交渉本部がFTA政策の実質的な政策決定者となって集権的な交渉体制が形成されたが、ステージ2ではFTA交渉過程に与える国会の影響力が増加し、省庁間の協調によってFTA交渉が進められるなど、政策決定過程での分権化が進展した。日本の場合、ステージ1では自民党の農林部会の関与が強く、FTA交渉に関連した省庁の官僚がFTA政策の実質的な政策決定者になって分権的な交渉体制が形成されたが、ステージ2ではFTA交渉過程において首相の強いリーダーシップが発揮できるようになり、官邸内のTPP政府対策本部がFTA政策の実質的な政策決定者となって集権的な交渉体制が形成された。従って、FTA政策において重要なのは、個別アクターの選好よりも、政治制度や行政制度、そ

終　章　日韓のFTA政策の変化と制度内生性の可能性

して制度間の相互作用そのものであることが解明された。その上、両国のFTA政策決定に現れる政治的リーダーシップと政治・行政制度の相互作用を分析の俎上に載せた。特に、韓国の大統領制と日本の議院内閣制の違いよりも、政治指導者を中心とする制度構造とFTA政策推進の効率性を関連させて両国の制度を比較した。即ち、本研究はFTA政策研究の中で政治制度と行政制度を関連させてFTA政策推進体制を考察する体系的な研究蓄積が少ない中で、韓国と日本を比較研究することにより、政治行政制度の影響を析出することができた。そして、日韓両国で2013年を起点に現れたFTAに関する一連の制度変化に着目し、その制度変化を研究の中に取り入れたため、政策と制度の関係について「制度が政策の幅を決める」という制度論だけではなく、「政策が制度選択に影響を及ぼす」という制度の内生性も指摘した。韓国の当初の集権体制が公平性の問題を引き起こし分権的体制に移行した一方、日本の当初の分権的体制が非効率性という問題を発生させて集権的体制に移行したという反対の過程を解明したという点で、本研究は、制度がもたらす政策的影響を主張する制度論の再構築の必要性を主張することになる。

　本研究では、世界的なFTA拡散トレンドが見られる現代において、国内の政治的ダイナミズムがFTA政策に与える影響に着目してきた。FTAの地域的拡散は、FTA締結による貿易創造効果や貿易迂回効果などを考慮して、国家がFTAを促進することによって加速される。特に多くのFTAを締結した国は、FTAネットワークを構築することができFTA交渉過程において優位に立てるため、FTAの締結を強く推進する動機を持つようになる。最近では、いわゆるメガFTAという多国間FTAへと、その動きが広がりつつある。ところが、東アジアでのFTA拡散トレンドには二つの側面が見られる。まず、地域主義の強化という動機でFTAを推進する側面である。例えば、日韓のASEANとのFTA締結や、日中韓FTAなどの東アジア国家同士で行われるFTAの締結は、経済地域主義に関連付けて説明できる。もうひとつは、同盟強化の手段としてFTAを推進する側面である。本研究の事例分析

終　　章　日韓のFTA政策の変化と制度内生性の可能性

の対象となった米韓FTAやTPPの締結も、安全保障の側面を考慮して推進された[1]。FTA政策における安全保障の影響について本研究は直接的に扱ってこなかったが、本研究の事例分析の中でも、米韓FTA、日豪EPA、TPPが同盟強化を念頭に集権的に推進されたということもできる。ところが、本研究で指摘したように、韓国におけるステージ2での分権化や日本におけるステージ1の分権的体制はこうした同盟仮説と明らかに矛盾し、国内制度要因の重要性を浮き彫りにするものとなっている。

　最後に、本研究の分析知見は、米国のFTA政策についても関連性がある。トランプ政権誕生以前の米国は、基本的に貿易自由化とFTA政策を精力的に推進してきた。特に第2期オバマ政権では「アジアへの回帰政策（pivot to Asia）」の一環として、特に中国とのFTA競争が激化している中で東アジア国家とのFTAを推進し、その結果としてTPPを締結した。この場合、安全保障の側面が考慮されて締結されたため、TPP脱退というトランプ政権の決定は、米国にとって安全保障上の損失になるはずである。こうした安全保障を重視した見方に反してトランプ政権がTPP脱退を決めた背景には、国内政治の要因が明示的にあった。TPP脱退は、FTA締結で被害を受けた米国ラストベルト地域の労働者の支持を意識した決定であって、FTA交渉で労働者の利益が適切に代弁されなかったという公平性の問題がその決定の奥底にあった。このように、トランプ政権の貿易政策の転換を本研究の分析枠組みに関連付けて説明することが可能である。したがって本研究では、FTA政策を地域主義や安全保障との関連性の中で捉えるという現代国際政治経済の潮流に対して新しい視座を提示した。既存または今後の一国のFTA政策の方向性について考える際、国際政治的な要因だけではなく国内の政治経済的な要因も分析射程に置くことで、そこに潜む国内の政治ダイナミズムを垣間見ることができるようになる。

（1）　Suzuki, Motoshi（2016）, "*Globalization and the Politics of Institutional Reform in Japan*," Cheltenham: Edward Elgar, pp. 159-187.

　　　　　　　　　あ と が き

　本書は、2016年3月、筆者が京都大学大学院法学研究科に提出した博士論文を加筆・修正したものである。筆者は京都大学大学院に入学して以降、一貫して日韓におけるFTA政策決定過程と制度の関連性に関する研究を続けてきた。特に、FTA政策の相違と制度の関連性や、FTA政策決定過程に関わる制度の変化という、今まで十分に体系的な分析が行われてこなかった研究テーマを設定し、そこに韓国と日本のFTA政策を対象にして比較制度分析を当てはめた。

　修士論文「日韓のFTA政策の比較研究：FTA政策でのリーダーシップ構造の制度分析」では、韓国と日本のFTA政策の違いをもたらす要因を両国の行政制度の違いに基づいて、FTAの推進における行政制度の違いがこれらの政治的指導者のFTA政策への実質的な影響力の違いをもたらす過程を明らかにした。それを修正したものが、「日韓のFTA政策の比較研究――FTA政策でのリーダーシップ構造の制度分析（2000年―2012年（1）～（3・完）（『法学論叢』178巻3号・4号・7号、2015年12月・2016年1月・7月）としてすでに公表されている。

　この研究に加え、博士論文では政治制度と行政制度を総合的に関連付け、韓国と日本のFTA政策の相違について、両国のFTA政策での違いは両国の政治・行政制度の違い、そして制度間の相互作用に起因することを検証した。そのうえで、博士論文では韓国と日本のFTA政策に関する政治・行政制度の変化を時系列的に区分して考察した。

　さらに、京都大学法学研究科の特定助教になってからは、韓国と日本のFTA政策に関する政治・行政制度の変化について制度の内生性という側面から研究を進め、政策をめぐる正当性または効率性のいずれかが欠如した際に、政治指導者（大統領や首相）が両者のバランスをとろう

あとがき

と問題に対処した結果として制度変化が生じたことを明らかにした。

これらの諸研究は、政治経済的な類似点を共有している韓国と日本を比較対象に設定し、単なる比較政治学を超えて、一般化可能な枠組みを提示した。ただし、日韓のFTA政策決定過程と利益団体要因の考察や、日韓以外の広大な東アジア地域の国々を含む事例分析と計量分析まで手を伸ばすことができなかった。これらに関してはさらなる研究の積み重ねが必要であり、今後の課題として読者諸賢のご寛恕を願う次第である。

本書は多くの方々のご恩を受けて生まれた。真っ先に御礼を申し上げなければならないのは、指導教授の鈴木基史先生である。筆者は幸運にも鈴木先生の門下の末席に加えていただき、ご指導をいただくことが出来た。先生のご指導と暖かいご支持なしには、本書は完成できなかっただろうし、研究者としての現在の自分も存在しなかったに違いない。それほど先生との出会いは筆者の研究生活に決定的な意味を与えており、先生のご指導に厚く御礼を申し上げたい。

本書をまとめるに際しても、非常にお忙しい中で、本書の草稿に目を通していただき、数多くの貴重なコメントを頂戴した。加えて、慈学社にも出版についてご紹介いただいた。筆者にとって先生はまさに恩師であり、先生から受けたご恩は数え切れない。

また、鈴木先生のおっしゃった一言によって、筆者の研究人生に貴重な指針を得た。ある日、先生が「学者は正義を語るのではなく、真相を把握すべきである」と仰ったお言葉は、いまも筆者の頭に鮮明に残っている。

京都大学大学院でお世話になった中西寬先生、建林正彦先生、待鳥聡史先生、曽我謙悟先生からは、大学院の演習などを通じて、たくさんのことを学ばせていただいた。諸先生方からは常に貴重な教えを頂戴しており、それは筆者の研究の土台になった。中西先生からは、国際政治学を論じる際には言葉の意味を厳密に定義することの重要性や、個別事例

あとがき

から理論的な含意を導き出す方法などを学ばせていただき、博士論文の審査にも加わっていただいた。建林先生には、研究内容に関する突然の相談にも親切に対応していただき、常にその時々の研究に必要な明確な助言を賜った。待鳥先生からは、研究テーマと方法論に関して必要なご指摘をいただいたことを記憶している。曽我先生には、博士論文の審査にも加わっていただき、制度変化と内生性に関して貴重なコメントをいただいた。諸先生方のご指導なくして今の自分は考えられない。

また、日本に留学しに来て約8年間の歳月の間には、多くの先輩・同輩・後輩たちに本書の一部を読んでいただき、様々なコメントや励ましを頂戴した。特に、同門の宇治梓紗氏（京都大学大学院法学研究科博士後期課程）、土井翔平氏（同）からは、いつも助けていただいた。特に、本書の草稿に建設的なコメントを寄せるなど、出版に向けて様々なご支援をいただいた。思い返せば、自分の研究生活において重要な時にはいつもこの二人の後輩がいた。二人の後輩の存在がなければ、本書の議論を深めることは難しかっただろう。加えて、長久明日香氏（京都大学大学院法学研究科研修員）、西山由理花氏（京都大学法学研究科特定助教）、内野美成氏（京都大学大学院法学研究科修士課程修了生）にも本書の出版や校正に関する作業を助けていただいた。感謝する次第である。

そのほか、大学学部生時代の恩師である宋錫源先生（慶熙大学教授）、鄭鍾弼先生（慶熙大学教授）にも心より御礼を申し上げる。留学している間にも、二人の先生には様々助言と励ましをいただいた。また、李愛俐娥先生（早稲田大学教授）にも研究や留学生活について助言をいただいた。心より御礼を申し上げたい。

多くの人の支えがあったからこそ、研究を続けることができた。すべての方々のお名前を挙げることはできなかったが、厚く御礼を申し上げたい。これらのご恩に報いるべく、残された課題については今後、あらためて研究に取り組みたい。

出版に当たって、慈学社の村岡命衛氏には不慣れな筆者のことを粘り

強く導いていただき、行き届いたご配慮をいただいた。深く感謝を申し上げる。

　最後に、私事になり大変恐縮であるが、家族への感謝を付け加えることをお許しいただきたい。両親には著者が研究を続けられるように励ましてもらい、精神的に支えてもらった。妹と二人の弟にはいつも元気付けてもらった。
　また、いつも私のそばにいてくださる神様に感謝を申し上げたい。

　本書は、平成29年度京都大学総長裁量経費として採択された法学研究科若手研究者出版助成事業による援助を受けた。

　2018年1月

柳　蕙　琳

[参考文献]

穴沢眞(2007)「マレーシア——内閣主導による政策決定」東茂樹(編)『FTAの政治経済学——アジア・ラテンアメリカ7カ国のFTA交渉』アジア経済研究所。

天児慧(2011)「アジアの地域秩序と重層的ガバナンス」松岡俊二・勝間田弘『アジア地域統合の展開』勁草書房。

安周永(2011)「発展指向型国家の多様性と財政の相違(Ⅱ)——日韓における財政赤字の政治過程——」『法学論叢』第169巻4、pp. 69-92。

飯尾潤(2007)『日本の統治構造——官僚内閣制から議院内閣制へ』中央公論新社。

飯尾潤・増山幹高 (2007)「日韓における弱い議院内閣制と強い議院内閣制」曽根泰教・崔章集(編)『変動期の日韓政治比較』慶應義塾大学出版会。

李ギヒョン (2012)『중국 18차 당대회 분석과 대내외정책 전망 (中国の第18次党大会の分析と対内外政策の展望)』統一研究院。

石川幸一(2003)「東アジアにおけるFTAの潮流」木村福成・木村厚(編)『加速する東アジアFTA』日本貿易振興機構。

石川幸一(2006)「ASEANと中国のFTAをどう評価すべきか」『季刊国際貿易と投資』Spring 2006, No. 63。

石黒馨(2013)「FTA／EPA交渉と国内改革の2レベル・ゲーム」鈴木基史・岡田章(編)『国際紛争と協調ゲーム』有斐閣。

李ゼホ(2012)『시진핑 시대 중국의 미래전망과 대응전략 (習近平時代の中国の将来展望と対応戦略)』対外経済政策研究院。

李ゼホ(2013)『대중국 정책의 범정부 협력네트워크 강화방안 (中国政策の汎政府の協力ネットの強化方案)』対外経済政策研究院。

李ヘヨン・鄭インギョ (2008)『한미 FTA, 하나의 협정 엇갈린 진실 (韓米FTA、一つの協定とすれ違う真実)』時代の窓。

今村都南雄(2006)『官庁セクショナリズム』(行政学叢書1)東京大学出版会。

岩田伸人(2012)「戸別所得補償とTPP」馬田啓一・浦田秀次郎・木村福成(編)『日本のTPP戦略——課題と展望』文真堂。

上川龍之進(2013)「民主党政権の失敗と一党優位政党制の弊害」『レヴァイアサン』Vol. 53、pp. 9 -34。

馬田啓一(2014)「TPP交渉と日本の通商戦略」石川幸一・馬田啓一・渡邊

頼純（編）『TPP交渉の論点と日本——国益をめぐる攻防』文眞堂。

馬田啓一（2015）「メガFTA時代の日本の新通商戦略——課題と展望」『経済学論纂』第55巻第5・6合併号、pp. 1 -20。

浦田秀次郎（2004）『東アジアFTAの時代』日本経済新聞社。

海老名一郎（2005）「日本・メキシコ経済連携協定の2レベル・ゲーム分析」『経営経理研究』第76号、pp. 75-90。

FTA等対策協議会（2003）「FTA等対策で養豚生産者ら総力結集」『養豚情報』鶏卵肉情報センター、Vol. 31（9）、pp. 11-13。

江原規由（2014）「TPPと中国の参加問題」石川幸一・馬田啓一・渡邊頼純（編）『TPP交渉の論点と日本——国益をめぐる攻防』文眞堂。

大西康雄（2007）「中国のFTA戦略と海外直接投資——ASEANを中心に——」玉木千治（編）『東アジアFTAと日中貿易』アジア経済研究所。

大西裕（2016）「韓国——自由貿易への転換」大矢根聡、大西裕（編）『FTA・TPPの政治学』有斐閣。

大矢根聡（2012）『国際レジームと日本の外交構想——WTO・APEC・FTAの転換局面』有斐閣。

大矢根聡（2016）「日本——安全保障の期待と社会不安」大屋根聡、大西裕（編）『FTA・TPPの政治学』有斐閣。

大山礼子（2003）『比較議会政治論』岩波書店。

荻田竜史（2004）「『超大国』米国と『遅れて来た』日本のFTA戦略」渡辺利夫編『東アジア市場統合への道：FTAへの課題と挑戦』、勁草書房。

奥田聡（2007）「韓国——韓米FTA交渉にみる国内調整の難しさ」東茂樹（編）『FTAの政治経済学——アジア・ラテンアメリカ7カ国のFTA交渉』アジア経済研究所。

奥田聡（2009）『米韓FTA——韓国対外経済政策の新たな展開』アジア経済研究所。

奥田聡（2010）『韓国のFTA——10年の歩みと第三国への影響』アジア経済研究所。

奥田聡（2014）「転換期を迎えた韓国のFTA戦略とTPP参加」石川幸一・馬田啓一・渡邊頼純（編）『TPP交渉の論点と日本——国益をめぐる攻防』文眞堂。

苅込俊二（2012）「韓国のFTA戦略：FTAを積極推進できる要因と日本への示唆」『みずほ総研論集』2012（2）、pp. 23-42。

参考文献

関係省庁合同（2014）『한・호주 FTA 상세설명자료（韓豪 FTA の詳細説明資料）』。

韓国貿易協会『Trade Brief』No 74。

韓米 FTA 阻止汎国民運動本部政策企画研究団（2006）『한·미 FTA 국민보고서（韓米 FTA 国民報告書）』、グリンビ。

外交通商部（1994）『우루과이 라운드 교섭내용과 결과（ウルグアイラウンド交渉内容と結果）』、1994年8月。

外交通商部（2005）『2005 년외교백서（2005年 外交白書）』。

外交通商部（2007）『2007 년외교백서（2007年 外交白書）』。

外交通商部・通商交渉本部（2012）『한중 FTA 의 추진계획: 통상절차법 제 6 조에 의한 국회 외교통상통일위원회에 대한 보고（韓中 FTA の推進計画：通商手続法第 6 条による国会外交通商統一委員会への報告、2012年 4 月23日）』。

外務省（2004）「今後の EPA 戦略推進に関する我が国の基本方針」(http://www.mofa.go.jp/mofaj/gaiko/fta/hoshin_0412.html)（2017年 9 月30日確認）。

外務省（2006）「日本・チリ経済連携協定（EPA）第一回交渉の開催」(www.mofa.go.jp/mofaj/gaiko/fta/j_chile/j_chile_01.html)（2017年 9 月30日確認）。

外務省（2007）「日チリ経済連携協定の概要」(http://www.mofa.go.jp/mofaj/gaiko/fta/j_chile/pdfs/gaiyo.pdf)（2017年 9 月30日確認）。

外務省（2011）「日豪両首相による協同ステートメント」(www.mofa.go.jp/mofaj/area/australia/visit/1104_ks1.html)（2017年 9 月30日確認）。

金庚美（2007）「FTA と国際政治──日韓 FTA 政策の比較から」『国際関係論研究』第26号、pp. 23-50。

北野浩一（2007）「チリ──影響力の大きい部門別業界団体」東茂樹（編）『FTA の政治経済学──アジア・ラテンアメリカ 7 カ国の FTA 交渉』アジア経済研究所。

金燦東（2012）「通商政策──韓米 FTA 交渉と日本 FTA」森田朗、金井利之（編）『政策変容と制度設計：政界・省庁再編前後の行政』ミネルヴァ書房。

金ゼンマ（2008）「日本の FTA 政策をめぐる国内政治：JSEPA 交渉プロセスの分析」『一橋法学』7（3）、pp. 683-719。

金ゼンマ（2011a）「東アジアFTAと国内政治――韓国の事例から――」松岡俊二・勝間田弘『アジア地域統合の展開』勁草書房。

金ゼンマ（2011b）「韓国のFTA政策決定過程：東アジア共同体への示唆」『アジア太平洋討究』Vol. 17、pp. 61-77。

金ゼンマ（2016）『日本の通商政策転換の政治経済学――FTA／TPPと国内政治』有信堂高文社。

金・ソグ（2006）「자유무역협정의 국내정치경제（自由貿易協定の国内政治経済）」ユン・ヨンガン（編）『세계정치: 자유무역협정의 정치경제（世界政治：自由貿易協定の政治経済）』ソウル大学国際問題研究所。

金鉉宗（キム・ヒョンジョン）（2010）『김현종, 한미FTA를 말하다（金鉉宗、韓米FTAを語る）』ホンソンサ。

キム・ホソブ（2001）「아시아경제위기이후의일본의지역주의: 한일무역협정논의의전개를중심으로（アジア経済危機以降の日本の地位主義：韓日自由貿易協定論議の展開を中心に）」『한국정치학회보（韓国政治学会報）』春号、pp. 253-267。

木村福成（2003）「東アジアFTAネットワークの含意と日本の役割」山影進（編）『東アジア地域主義と日本外交』日本国際問題研究所。

木村福成・板倉健・久野新（2007）『日豪経済委員会委託レポート：戦略的関係を強化する日豪EPA（2007年6月）』豪経済委員会事務局。

金良姫（2006）「韓国の東北アジア構想と課題――東アジア経済共同体の実現に向けて――」『ERINA REPORT』vol. 71、環日本海経済研究所。

経済産業省（2001）『通商白書2001――21世紀においての対外経済政策の挑戦』。

経済産業省（2002）『通商白書2002――東アジアの発展と日本の針路』。

経済産業省（2003）『通商白書2003――「新たな価値創造経済」へ向けて』。

経済産業省（2005）『通商白書2005――我が国と東アジアの新次元の経済的繁栄に向けて』。

経済産業省（2005）「日本の商品別輸出構造の推移」（http://www.meti.go.jp/policy/trade_policy/tradeq_a/html/dai2.html）（2017年9月30日確認）。

経済産業省（2007）『通商白書2007――生産性向上と成長に向けた通商戦略』。

経済産業省（2006）『グローバル経済戦略：東アジア経済統合と日本の選択』ぎょうせい。

経済産業省（2009）『通商白書2009――ピンチをチャンスに変えるグローバ

参考文献

ル経済戦略』。
経済産業省（2010）『通商白書2010──国を開き、アジアとともに成長する日本』。
経済産業省（2011）『通商白書2011──震災を超え、グローバルな経済的ネットワークの再生強化に向けて』。
経済産業省（2012）『通商白書2012──世界とつながりの中で広げる成長のフロンティア』。
経済団体連合会（2001）「戦略的な通商政策の策定と実施を求める──『通商立国』日本のグランドデザイン（2001年6月14日）」（http://www.keidanren.or.jp/japanese/policy/2001/029.html）（2017年9月30日確認）。
経済団体連合会（2004）「経済連携の強化に向けた緊急提言──経済連携協定（EPA）を戦略的に推進するための具体的な方策──、2004年3月16日」（https://www.keidanren.or.jp/japanese/policy/2004/020/index.html）（2017年9月30日確認）。
韓国国会図書館（2009）「한미 FTA 한눈에보기（韓米 FTA 一目で見る）」。
韓国国会図書館（2009）「한—EU FTA 한눈에보기（韓—EU FTA 一目で見る）」。
韓国国会図書館（2015）「한중 FTA 한눈에보기（韓中 FTA 一目で見る）」。
小林良彰・岡田陽介・鷲田任邦・金兌希（2014）『代議制民主主義の比較研究』慶應義塾大学出版会。
佐藤百合（2007）「インドネシア──対日 EPA 交渉にみる協力重視の戦略」東茂樹（編）『FTA の政治経済学──アジア・ラテンアメリカ7カ国のFTA 交渉』アジア経済研究所。
産業通商資源部（2013a）『새정부의 신통상 로드맵（新政府の新通商ロードマップ）』。
産業通商資源部（2013b）『通商白書』。
産業通商資源委員会（2013）『회의록（会議録）・2013年第320回第10次、2013年12月9日』。
産業通商資源委員会（2014）『회의록（会議録）・2013年第322回第1次、2014年2月14日』。
新川敏光・宮本太郎・真柄秀子・井戸正伸（編）（2004）『比較政治経済学』、有斐閣アルマ。
シン・ミョンスン（2003）『비교정치（比較政治）』서울: 박영사。

日本貿易振興機構（ジェトロ）（2011）『ジェトロ世界貿易投資報告』日本貿易振興機構。
日本貿易振興機構（ジェトロ）（2012）『ジェトロ世界貿易投資報告』日本貿易振興機構。
日本貿易振興機構（ジェトロ）（2013）『ジェトロ世界貿易投資報告』日本貿易振興機構。
産業通商資源部（2013）「通商産業フォーラム紹介――構成と運営」〈http://www.fta.go.kr/main/center/forum/1/〉（2017年9月30日確認）。
朱永浩（2014）「中韓貿易構造の変化と中韓FTA――吉林省の事例を中心に」『ERINA REPORT』Vol. 118、環日本海経済研究所。
鈴木有理佳（2007）「フィリピン――自由化と産業育成のジレンマ」東茂樹（編）『FTAの政治経済学――アジア・ラテンアメリカ7カ国のFTA交渉』アジア経済研究所。
関沢洋一（2008）『日本のFTA政策：その政治過程の分析』東京大学社会科学研究所。
曽我謙悟（2013）『行政学』有斐閣アルマ。
高安健将（2009）『首相の権力：日米比較からみる政権党とのダイナミズム』、創文社。
滝井光夫（2007）「大統領の通商交渉権限と連邦議会」『季刊国際貿易と投資』No. 69。
竹中治堅（2005）「『日本型分割政府』と参議院の役割」日本政治学会（編）『年報政治学二〇〇四』岩波書店。
竹中治堅（2006）『首相支配』中公新書。
竹中治堅（2010）『参議院とは何か 1947〜2010』有斐閣。
建林正彦・曽我謙悟・待鳥聡史（2008）『比較政治制度論』有斐閣アルマ。
谷口信和（2015）「アベノミクス農政の『全体像』」谷口信和・石井圭一（編）『アベノミクス農政の行方：農政の基本方針と見直しの論点』、農林統計協会。
崔・テウク（2006）「한국의 FTA 정책과 이익집단정치（韓国のFTA政策と利益集団政治）」ユン・ヨンガン（編）『세계정치: 자유무역협정의 정치경제（世界政治：自由貿易協定の政治経済）』ソウル大学国際問題研究所、pp. 135-171。
チェ・ゼチョン（2014）『한・호주 FTA 의 현안과 진단: 정책토론회의 자료

参考文献

集（韓豪 FTA の懸案と診断：政策討論会の資料集）』。
チョン・テイン（2009）「韓米 FTA の帰結、そして代案」徐勝・李康国（編）『韓米 FTA と韓国経済の危機——新自由主義経済下の日本への教訓』晃洋書房。
統一外交通商委員会（2006）『회의록（会議録）・2006年第260回第6次、2006年7月7日』。
統一外交通商委員会・法案審査小委員会（2007）『회의록（会議録）・2007年第267回第4次、2007年4月17日』。
統一外交通商委員会・法案審査小委員会（2007）『회의록（会議録）・2007年第269回第4次、2007年10月4日』。
トラン・ヴラン・トウ（2005）「東アジアにおける分業と FTA の新展開」馬田啓一・浦田秀次郎・木村福成（編）『日本の新通商戦略——WTO と FTA への対応』文真堂。
トラン・ヴラン・トウ（2007）「東アジアにおける中国と日本」トラン・ヴラン・トウ・松本邦愛『中国——ASEAN の FTA と東アジア経済』文真堂。
富田晃正（2016）「米国通商政策における利益団体と制度の交錯——貿易交渉権限お巡る議会と大統の攻防」『国際政治』第184号、pp. 74-88.
内閣官房（2011）「包括的経済連携に関する基本方針について（平成23年11月9日閣議決定）」（http://www.kantei.go.jp/jp/kakugikettei/2010/1109kihonhousin.html）（2017年9月30日確認）。
内閣官房（2011）「包括的経済連携の現状について（平成23年11月）」（http://www.cas.go.jp/jp/tpp/pdf/2012/1/20111125.pdf）（2017年9月30日確認）。
内閣官房（2014）「TPP に関する主要閣僚会議（第10回）について（2014年2月21日）（http://www.cas.go.jp/jp/tpp/pdf/2014/02/140221_tpp_kakuryokaigo-10.pdf）（2017年9月30日確認）。
内閣官房（2014）『甘利大臣とロブ豪州貿易・投資大臣の昼食会終了後の記者会見概要（2014年3月26日）』（http://www.cas.go.jp/jp/tpp/pdf/2014/04/20140326%20daijin_kaiken.pdf）（2017年9月30日確認）。
内閣官房（2014b）「TPP 交渉における日米協議の概要、2014年4月10日」（http://www.cas.go.jp/jp/tpp/pdf/2014/04/140410_gaiyou.pdf）（2017年9月30日確認）。
内閣官房（2015）「甘利内閣府特命担当大臣記者会見要旨、2015年4月21日」

（http://www.cao.go.jp/minister/1412_a_amari/kaiken/2015/0421kaiken.html）（2017年9月30日確認）。

内閣官房（2015b）「甘利大臣による記者会見の概要、2015年10月5日」（http://www.cas.go.jp/jp/tpp/pdf/2015/10/151005_daijin_kaiken.pdf）（2017年9月30日確認）。

内閣官房（2015c）「総合的TPP関連政策大綱（平成27年11月25日 TPP総合対策本部決定）」（http://www.kantei.go.jp/jp/topics/2015/tpp/20151125_tpp_seisakutaikou01）（2017年9月30日確認）。

内閣官房（2016）「TPPに関する主要閣僚会議（第16回）の開催について、2016年10月7日」（http://www.cas.go.jp/jp/tpp/torikumi/pdf/161007_tpp_kakuryokaigi16_giji.pdf）（2017年9月30日確認）。

内閣官房（2016b）「TPP（環太平洋パートナーシップ）総合対策本部の設置について、平成27年10月9日閣議決定」（http://www.cas.go.jp/jp/tpp/pdf/2015/11/151009_tpp_kakugi.pdf）（2017年9月30日確認）。

内閣官房（2017）「TPPに関する主要閣僚会議（第17回）の開催について、2017年1月20日」（http://www.cas.go.jp/jp/tpp/torikumi/pdf/170120_tpp_kakuryokaigi17_giji.pdf）（2017年9月30日確認）。

内閣官房（2017b）「「TPPに関する主要閣僚会議（第18回）の開催について、2017年5月30日」（http://www.cas.go.jp/jp/tpp/torikumi/pdf/170530_tpp_kakuryokaigi18_gaiyo.pdf）（2017年9月30日確認）。

中川淳司（2006）「対外経済政策――日米構造協議から東アジア共同体へ」東京大学社会科学研究所編『失われた10年を超えて ［Ⅱ］ 小泉改革への時代』、東京大学出版会。

中島朋義（2009）「韓国のFTA政策――その概括と経済効果分析」徐勝・李康国（編）『韓米FTAと韓国経済危機――新自由主義経済下の日本への教訓』晃洋書房。

中野実・廉載鍋（1998）「政策決定構造の日韓比較――分析枠組と事例分析」『レヴァイアサン』23号。

野沢聡（2015）「農政決定メカニズムの大転換」谷口信和・石井圭一（編）『アベノミクス農政の行方：農政の基本方針と見直しの論点』、農林統計協会。

農林海洋水産委員会（2002）『회의록（会議録）・第234回第6次会議、2002年10月18日』。

参考文献

農林水産省（2004）「農林水産省分野におけるアジア諸国との EPA 推進について――みどりのアジア EPA 推進戦略（2004年11月）」（http://www.kantei.go.jp/jp/singi/keizairenkei/dai3/3sankou2.pdf）（2017年9月30日確認）。

農林水産省（2006）「日豪 EPA ／ FTA の交渉に当たって」（www.maff.go.jp/kanto/syo_an/seikatsu/iken/pdf/shiryo1-4.pdf）（2017年9月30日確認）。

農林水産省（2006）「日豪 EPA ／ FTA の交渉入りに当たって（大臣談話、2006年12月15日）」（www.maff.go.jp/j/press/2006/pdf/20061215press_5b.pdf）（2017年9月30日確認）。

農林水産省（2007）「第1回日豪 EPA 交渉会合の概要（平成19年4月）」。（http://www.maff.go.jp/j/kokusai/renkei/fta_kanren/f_aus/pdf/summary1.pdf）（2017年9月30日確認）。

農林水産省（2007）「第2回日豪 EPA 交渉会合の結果概要（平成19年8月）」。（http://www.maff.go.jp/j/kokusai/renkei/fta_kanren/f_aus/pdf/summary2.pdf）（2017年9月30日確認）。

農林水産省（2014）「豪州との経済連携協定締結交渉の大筋合意について――農林水産大臣談話（平成26年4月7日）」（http://www.maff.go.jp/j/press/kokusai/renkei/pdf/140407-02.pdf）（2017年9月30日確認）。

農林畜産食品海洋水産委員会（2013）『회의록（会議録）第315回第6次会議、2013年6月17日』。

浜口伸明（2005）「動き出す日本・メキシコ経済連携協定」『世界週報』4月12日号。

服部信司（2014）『TPP 交渉と日米協議：日本政府の対応とアメリカの動向』農林統計協会。

服部信司（2015）「TPP 交渉と日米協議」谷口信和・石井圭一（編）『アベノミクス農政の行方：農政の基本方針と見直しの論点』農林統計協会。

朴・ゾンヒョン（2012）「한중 FTA 협상: 현황과 전망（韓中 FTA 交渉：現状と貿易）」『関税と貿易』、2012年5・6月号（第481号）、韓国関税貿易開発院。

朴ボンスン（2011）『韓中 FTA の意義と重要争点（한중 FTA 의의와 주요 쟁점）』サムスン経済研究所。

東茂樹（2007）「FTA 交渉における政策決定過程――日本の二国間 EPA 交渉相手を事例に」『西南学院大学経済学論集』vol. 42（3）. pp. 25-43。

参考文献

東茂樹（2007）「タイ——政治家を上回る官僚の交渉能力——」東茂樹（編）『FTAの政治経済学——アジア・ラテンアメリカ7カ国のFTA交渉』アジア経済研究所。

樋口修（2007）「日豪FTA／EPA交渉と日本農業」『調査と情報』第580号、pp. 1-10。

平木忠義（2015）「オーストラリアFTA・EPAが市場を変える」『ジェトロセンサー』2015年6月号、21頁。

樋渡展洋・斉藤淳（2011）「政党政治の混迷と政権交代——新選挙制度と長期経済停滞」樋渡展洋・斉藤淳（編）『政党政治の混迷と政権交代』東京大学出版会。

フィッシャー、ロナルド（2003）「チリにおける貿易自由化、発展、政策」西島章次・細田昭雄（編）『ラテンアメリカにおける政策改革の研究』神戸大学経済経営研究所双書62号。

藤末健三（2013）「FTAに関する政策決定システムの日韓比較分析」『北東アジア研究』第24巻、pp. 19-42。

細田昭雄（2001）「米州におけるリジョナリズムとFTA」『研究叢書』第59号、神戸大学経済経営研究所。

本間芳江（2004）「サイナス政権と経済界——対外貿易企業調整議員会COECEが北米自由貿易協定NAFTA締結に果たした役割——」『ラテンアメリカ・カリブ研究』第11号 pp. 27-38。

待鳥聡史（2012）『首相政治の制度分析——現代日本政治の権力基盤』千倉書房。

松石達彦（2005）「東アジアにおけるFTA急増の背景とその問題点」『久留米大学産業研究』第46巻第3号、pp. 167-190。

真渕勝（2009）『行政学』有斐閣。

三浦秀之（2010）「農産物貿易自由化をめぐる政策意思決定システムの変遷：自民党政権下の変化に注目して」『法政論叢』第47巻第1号、pp. 18-46。

滝井光夫（2007）「大統領の通商交渉権限と連邦議会」『季刊国際貿易と投資』No. 69、pp. 28-41.

宮里政玄（1989）『米国通商代表部（USTR）——米通商政策の決定と代表部の役割』ジャパンタイムズ。

柳原透（2004）「日本の『FTA戦略』と『官報主導外交』」『海外事情』Vol. 52（4）. pp. 92-108。

参考文献

ユ・ヒョンソク（2008）「통상외교와 국회의 역할（通商外交と国会の役割）」『한국정치외교사논총（韓国政治外交史論叢）』第29集第2号、pp. 439-464。

山下一仁（2009）『農協の大罪――「農政トライアングル」が招く日本の食糧不安』宝島社。

兪明希（ユ・ミョンヒ）（2005）「우리정부의 FTA 추진현황과 정책방향（我が国のFTA推進状況と政策方向）」鄭仁教（ジョン・インギョ）（編）『글로벌 시대의 FTA 전략（グローバル時代のFTA戦略）』ヘナム。

渡辺利夫（2004）『東アジア市場統合への道』勁草書房。

渡辺利夫（2008）『新脱亜論』文春新書。

渡邊頼純・外務省経済局EPA交渉チーム（2007）『解説FTA・EPA交渉』日本経済評論社。

Aghion, Philippe, Alberto Alesina, and Francesco Trebbi (2004), "Endogenous Political Institutions," *Quarterly Journal of Economics* 119 (2), pp. 565-611。

Baldwin, Richard E. (1995), "A Domino Theory of Regionalism," in Richard Baldwin, Pertti Happaranranta and Jaakko Kiander, eds. Expanding Membership of the EUropean Union, Cambridge: Cambridge University press.

Baldwin, Richard E (1997), "The cause of Regionalism," *World Economy*, 20 (7) pp. 865-888

Barton, John H et al. (2008) *The Evolution of the Trade Regime: Politics, Law, and Economics of the GATT and the WTO*, Princeton University Press.

Calder, Kent E (1988) "Janpanese Foreign Economic Policy Formation: Explainig the Reactive State"*World Politics*.

Campbell, John L (2004) *Institutional Change and Globalization*, Princeton University Press.

Chase, Kerry A (2003) "Economic Interests and Regional Trading Arrangement: The Case of NAFTA," *International Organization*, No. 57, pp. 137-174.

Cheong, Inkyo (2005) "Evaluation of Recent Progress of FTAs in East Asia -A Korean Perspective"In Chooyong Ahn, Richard E. Baldwin and Inkyo Cheong, eds., *East Asian Economic Regionalism: Feasibilities and Challenge*. Netherland: Springer.

Cheong, Inkyo (2007) "The Progress's FTA" presented at 2007 Northeast Asia International Conference for Economic Developmet in Niigata, Februrary 6, 2007.

CoX, Gray W. and Mathew D. McCubbins (2001) "The Institutional Determinants of Economic Policy Outcomes." In Stephen Haggard and Mathew D. McCubbins, eds., *Presidents, Parliament, and Policy*. New York: Cambridge University Press.

Crawford, Jo-Ann and Roberto V. Firorentino, "The Changing Landscape of Regional Trade Agreements," World Trade Organization, 2005.

Destler, I. M. (1986), *American Trade Politics: System under Stress*, the Twenty Century Fund.

Elaine, S. Kwei (2006) "Chinese Trade Bilateralism: Politics Still in Command" In Vinod K. Aggarwal and Shujiro Urata, eds., *Bilateral Trade Agreements in the Asia-Pacific*. New York: Loutledge.

Gene M. Grossman and Elhanan Helpman (1995), "The Politics of Free-Trade Agreements," *The American Economic Review*, Vol. 85, No. 4, pp. 667-690.

Grief, Avner (2006), *Institutions and the Path to the Modern Economy: Lessons from Medieval Trade*, Cambridge University Press.

Haggard, Stephen and Mathew D. McCubbins (2001) "Introduction: Political Institutions and the Determinants of Public Policy." In Stephen Haggard and Mathew D. McCubbins, eds. *Presidents, Parliament, and Policy*. New York: Cambridge University Press.

Hayao, Kenji (1993), *The Japanese Prime Minister and Public Policy*, University of Pittsburgh Press.

Kimura, Fukumari (2006) "Bilateralism in the Asia-pacific: an economic overview" In Vinod K. Aggarwal and Shujiro Urata, eds., *Bilateral Trade Agreements in the Asia-Pacific*. New York: Loutledge.

Lim, Seongho. "A Paradox of Korean Democracy," *Korean and World Affairs*.

参考文献

Vol. 22 No. 4 pp. 523.

Mansfield, Edward D. and Helen V. Milner (2012) Vote, Vetoes, and the Political Economy of International Trade Agreements, Ptinceton University Press.

Mulgan A. G (2008), "Japan's FTA Politics and the Problem of Agricultural Trade Liberalization Preview," *Australian Journal of International Affairs*, Vol 62 (2), pp. 164-178.

North, Douglass C (1990), *Institution, Instituitonal Change, and Economic Performance*, Cambridge University Press.

Pempel,T. J. and Shujiro Urata (2006) "Japan: a new move toward bilateral trade agreements" In Vinod K. Aggarwal and Shujiro Urata, eds., *Bilateral Trade Agreements in the Asia-Pacific*. New York: Loutledge.

Putnam, Robert D, "The Diplomacy and Domestic Politics: The Logics of Two-Level Games," *International Organization*, 42 (3), Summer 1988, pp. 435-436.

Schneider, Ben Ross (2004) *Business Politics and the State in Twentieth-Century Latin America*, Cambridge: Cambridge University Press.

Silva, Verónica (2001), "Estrategia y agenda commercial chilena en los anõs noventa," *Serie Comercio Internacional* 11, Satiago: CEPAL.

Solis, Mireya and Saori N. Katada (2007), "The Japan-Mexico FTA: A Cross-Regional Step in the Path Towards Asian Regionalism," Pacific Affairs, vol. 80, Issue 2, pp. 279-301.

Suzuki, Motoshi (2016), "*Globalization and the Politics of Institutional Reform in Japan*," Cheltenham: Edward Elgar.

Urata, Shujiro (2009), "Japan's Free Trade Agreement Strategy" *The Japanese Economy*, Vol 36, No. 2, Summer, pp. 46-77.

Yoshimatsu, Hidetaka (2005), "Japan's Keidanren and Free Trade Agreements: Societal Interests and Trade Policy," *Asian Survey*, Vol. 45, Issue 2, pp. 258-278.

World Bank (2017), "Agriculture, value added (% of GDP)," 〈https://data.worldbank.org/indicator/NV.AGR.TOTL.ZS〉 (Accessed September 29, 2017).

索　引

ア　行

アジア経済危機……………………………17
ASEAN＋6 ……………………………20, 116
安倍晋三………63, 70, 115, 152, 153, 155
甘利明…………………131, 133, 154, 155
李相玉（イ・サンオク）………………91
一括受諾方式………………………………33
李明博（イ・ミョンバク）…………66, 67
禹泰熙（ウ・テヒ）………………142, 143
大江首席交渉官代理……………………154
岡田克也…………………………………119
オバマ（Obama, Barack H.）…………154

カ　行

外交・経済連携本部TPP対策委員会　151
カタダ（Katada, Saori）………………43
韓EU FTA …………………………………66
韓カナダFTA………………………………37
韓豪FTA………………………37, 124-127
環太平洋戦略的経済連携協定（TPP: Trans-pacific Partnership Agreement）………35, 37, 63, 81, 95, 146, 147
　──閣僚会合…………………147, 153
　──交渉制度………………………77, 79
　──首席交渉官会合…………………147
　──首脳会合…………………………147
　──政府対策本部…63, 79, 81, 154, 155
　──総合対策本部……………63, 79, 154
　──対策に関する決議………………130
　──脱退……………………………94, 163
　──に関する主要閣僚会議……63, 79, 80, 153
　──の大筋合意………………………151
韓中FTA……35, 37, 38, 66, 68, 75, 138, 139, 144, 145
韓中FTA推進計画………………………141
姜昌一（ガン・チャンイル）…………126
韓チリFTA…………47, 65, 100-103, 108

官邸主導……………………………44, 45
官僚内閣制…………………………………77
韓─EU FTA………………………………34
金大中（キム・デジュン）………66, 67, 91
金鉉宗（キム・ヒョンゾン）……45, 55, 74, 112, 113
キャンベル（Campbell, John L.）……54
グロスマン（Grossman, Gene M.）41, 42
グローバル戦略…………………………114
経済財政諮問会議……53, 63, 76, 152, 153
経済連携協定（EPA: Economic Partnership Agreement）・農業ワーキンググループ……………………117
豪州の政権交代…………………………123
交渉基本指針（modality）……………140
国内の政治的ダイナミズム………162, 163
国家代表権…………………………………88

サ　行

サブプライム危機…………………………22
産業通商資源委員会……………67, 68, 144
産業通商資源部………………57, 58, 67, 68, 74
自国農業の開放度……………………33, 37
事前審査制度………………………………69
事務次官会議………………………53, 78, 79
自由化水準…………………………………38
習近平……………………………………140
集権化………………………………………55
衆参農林水産委員会……………………116, 151
自由貿易協定（FIA: Free Trade Agreement）交渉過程……………………57
　──推進委員会…………………72-74
　──政策…………………………………52
　──政策決定過程……………51, 58, 60
　──政策推進体制………84, 85, 159, 160
　──ロードマップ………18, 19, 31, 103
自由貿易協定締結手続き規定…55, 71, 92
重要5品目……………………………130, 154
小選挙区制………………………25, 26, 59, 70

181

条約締結権……………………………88
曹京植（ジョ・キョンシク）………91
新通商ロードマップ…………………36
聖域なき関税撤廃……………………152
政党チャネル…………………………47
制度の内生性…………………………162
政府組織法…………………………74,91
全国農業協同組合中央会（JA 全中）
　………………………………120,156,157
全国農民団体協議会…………………104

タ 行

対外経済長官会議……………………71
大統領制………………………………55
第2次安倍政権……………………62,79,87
通商交渉本部　48,57,68,71-73,76,92-94
通商交渉民間諮問委員会……………145
通商産業フォーラム………………58,145,146
通商推進委員会………………………74
通商手続法………………………57,58,67,68
統一外交通商委員会………………67,68,112
同時多発的 FTA………………………31
トランプ（Trump, Donald J.）……94,150,163

ナ 行

内閣府設置法………………………76,77
羅雄培（ナ・ウンベ）………………91
中豪 FTA………………………………137
西川公也…………………………130,131
二大政党制……………………………26
日・EU EPA………………………81,82
日豪 EPA　35,114,116-119,121,128-131
日豪安保共同宣言……………………115
日チリ EPA………………………104,106
日米閣僚級会議………………………154
日墨 EPA………………………………44
日本・シンガポール EPA……………69
日本再興戦略…………………………37
ねじれ国会………………………53,68
農業開放度……………………………34,38
農業団体…………………………54,56,60
農林海洋水産委員会…………………103

農林水産戦略調査会…………………151
農林水産物貿易調査会……………60,69,116
農林水産貿易対策委員会…………130,151
農林畜産食品海洋水産委員会………145
農林部会………………………60,68,69,151
ノース（North, Douglass C.）……54,90
盧武鉉（ノ・ムヒョン）……………45,66

ハ 行

朴槿恵（パク・クネ）…………36,58,66,67,75,139,140
朴弼秀（パク・ピルス）……………91
潘基文（バン・ギムン）……………112
東アジア・ビジネスハブ……………19
東アジア共同体構想…………………18
東アジア地域主義……………………30
東アジア地域包括的経済連携（RCEP:
　Regional Comprehensive Economic
　Partnership）………………………37
分割政府……………………………53,65
分権化………………………………56,58
プンタ・デル・エステ（Punta del Estel）
　宣言……………………………………91
米韓 FTA………34,38,45,57,65,66,92,110-113,121
米韓 FTA 阻止汎国民運動本部………114
米韓 FTA 通商長官会議………………113
ヘルプマン（Helpman, Elhanan）…41,42
方程式合意………………………149,150,154
許信行（ホ・シンヘン）……………91
ボルドウイン（Baldwin, Richard）…42

マ～ラ 行

マンスフィールド（Mansfield, Edward D.）………………………………44
ミルナー（Milner, Helen V.）………44
民主的な正当性………………………92
文在寅（ムン・ジェイン）………58,66,75
尹相直（ユン・サンジク）　126,127,142
4 省体制……………………………48,60
リーダーシップ構造…………………96
利益集団政治…………………………44

著者紹介

柳　蕙　琳（ユ　ヘ　リム）

1983年	韓国忠清北道に生まれる
2009年	慶熙大学社会科学部政治外交学科卒業
2013年	京都大学大学院法学研究科法政理論専攻課程修了
2016年	同博士後期課程修了
現　在	京都大学大学院法学研究科特定助教。京都大学博士（法学）
著　作	「日韓のFTA政策の比較研究——FTA政策でのリーダーシップ構造の制度分析（2000年—2012年）」（1）〜（3）（『法学論叢』178巻3号・4号・7号、2015年12月・2016年1月・7月）。

日韓のFTA政策の比較制度分析

2018年2月20日　初版第1刷発行

著　者　柳　蕙琳
発行者　村岡俞衛
発行所　有限会社 慈学社出版　http://www.jigaku.jp
　　　　190-0182　東京都西多摩郡日の出町平井2169の2
　　　　TEL・FAX　042-597-5387

発売元　株式会社 大学図書
　　　　101-0062　東京都千代田区神田駿河台3の7
　　　　TEL 03-3295-6861　FAX 03-3219-5158

印刷・製本　亜細亜印刷株式会社　PRINTED IN JAPAN
Ⓒ2018　柳蕙琳
ISBN 978-4-909537-01-0

慈学社

真渕 勝 著
行政学案内 第2版
四六判　並製カバー　本体価格　1800円

風格の地方都市
四六判　並製カバー　本体価格　1800円

真渕 勝・北山俊哉 編集
政界再編時の政策過程
A5判　上製カバー　本体価格　3800円

秋月謙吾・南 京兌 編
地方分権の国際比較
A5判　上製カバー　本体価格　4000円

佐藤 満 著
厚生労働省の政策過程分析
A5判　上製カバー　本体価格　4000円

森田 朗 著
会議の政治学（Ⅰ～Ⅲ）
慈学選書　四六判　本体価格　各1800円

制度設計の行政学
A5判　上製カバー　本体価格　10000円

ロバート・ケーガン 著
北村喜宣・尾﨑一郎・青木一益
四宮啓・渡辺千原・村山眞維　訳
アメリカ社会の法動態
A5判　上製カバー　本体価格　8200円